究極の野村メソッド

番狂わせの起こし方

野村克也

青春新書
INTELLIGENCE

はじめに

——私はいつも「敗者」からのスタートだった

「教えてほしい。今年で83歳になる老いぼれの話を、あんたら、なぜ聞きたがるんだ？」

取材に来た雑誌社の人間に、一度、真剣に尋ねたことがある。

いまのプロ野球事情をどう思うか。プロフェッショナルとは何と考えるか。あるいは、生き方や働き方へのアドバイスに至るまで——。なぜか一介《いっかい》の年老いた野球評論家である私のところに話を聞きに来たがる人が、じつに多いからだ。

すると、彼らに即答された。

「いや、他にいないからですよ」

まったくその通り、と笑ったものだ。

別段、私の話に特別な知見が詰まっているわけではない。他に話してくれそうな年寄りがいないから来るだけなのだ。裏を返せば、野球界で、ものごとをしっかりと言葉に変えて表現できる人間が、他にはいないということだろう。

番狂わせが起きた、と感じる。

私がプロ入りしたのは半世紀以上も前。当時、野球の人気は圧倒的だった。野球選手といえば、世間の誰もがうらやむ職業だった。それだけに、全国からの野球エリートが集う場でもあった。

一方の私はテスト生として、南海ホークス（現・福岡ソフトバンクホークス）というチームの端っこにぎりぎり引っかかるように入った人間だ。誰よりも努力しなければすぐにふるい落とされる。そんな思いでひとり必死に練習を重ねた。結果として、レギュラーの座を勝ち取ったが、その後も不安が消えることはなかった。稲尾和久や王貞治、長嶋茂雄など、同世代のスターや天才たちの背中に追いつくためには、誰よりも頭を使うしかなかった。相手選手のデータを集めて分析し、配球を研究することで、プロのグラウンドにぎりぎりしがみついた。

おかげで長きにわたり現役生活を送れたが、引退後は監督となるには学歴がなく、ゴマすりも苦手だった。「それなら日本一の野球評論家になろう」と決意し、野球の知見を広げるだけでなく、啓蒙書や哲学書、中国古典などを読み漁《あさ》った。人間を知ることが野球を知ることにもつながると教えられたからだ。そして身につけた野球観は唯一無二のものだったようで、新聞やテレビの評論で重宝されるようになった。その評論が縁で、現役時代は縁もゆかりもなかった3つのチームを監督として率いることになった。

そして、いまだ。

私はいつも「敗者」からのスタートだった。だから自分を磨かざるをえず、必死にもがき苦しんで、周りに追いつこうとしてきた。変わることを厭《いと》わず、頭と言葉を武器にしてきた。こうしてなんとかしがみつくことで身についた〝筋力〟のおかげで、この年になってもなお、現役のようにいろいろなところから声をかけてもらえているのだと思う。

一方で、学生の頃、プロ野球の現役時代、監督をしていた当時……周囲にいた才能あふれる者たちの姿は、あまり見かけなくなってきた。

才能がない。運がない。エリートではない。そんな人間こそが、番狂わせを起こす。

そんな番狂わせの起こし方を、私なりに「26の法則」にまとめて伝えたのが本書だ。他にはなかなかいない存在として、長くしぶとく生きるための術《すべ》を、感じ取ってもらえれば幸いだ。

「究極の野村メソッド　番狂わせの起こし方」　目次

目次

第3章 人を生かすも殺すも言葉の力
――一流と二流とを分けるプラス1％の仕事術

第4章 最後に勝ちを拾う〝逃げ方〟のセオリー

――強者を相手にするならバカ正直に戦わない

第5章

〝あきらめる〟ことでチャンスは広がる
――仕事・人生…「捨て方」「残し方」で変わる逆転の法則

企画協力●KDNスポーツジャパン
編集協力●カデナクリエイト
本文デザイン●二ノ宮匡
帯・扉写真●富本真之
本文DTP●エヌケイクルー

第1章

もっとこだわれ！

——番狂わせを起こすための備え方

法則
01

見えない努力を怠るな

▼見てくれている人は必ずいる

人生の後半戦は「戦い方」が変わる

「40代をどう過ごすべきか？」

以前、雑誌の取材でそんな質問を受けた。

野球選手にとって40代といえば、現役を引退してコーチや評論家として第二の人生を歩み始める頃になる。

普通のサラリーマンでも、40代はちょうど人生の折り返し地点。当然それまでとは違う生き方を考える時期だろう。

私自身がそうだった。40代の頃、「人生の後半戦」を見据えて、あらためて己を磨いた。

いま、このように何冊かの本を出させてもらえているのも、その40代になってからの自己研鑽《けんさん》があったからこそだと自負している。

私が人生の後半戦に何で勝負をしようとしたのかといえば、「日本一の野球評論家になる」ということだった。

私が監督になれる可能性は、ほぼゼロだった

プロ野球は、実力の世界。

そう思っていたが、中に入ってみると、そこは学歴社会だった。

当時、12球団の監督はほぼみな「大学卒」だったからだ。私のような高卒の選手が引退後に監督になれる可能性は、ほぼなかった。

そこで野球評論家の道を志した。現役時代から引退後は日本一の野球評論家になることに目標を定めて、日々を過ごしたのだ。

これはまだ29歳の頃だったが、自費で米国に渡り、ワールドシリーズを視察したこともあった。

私の現役時代は、いまのようにテレビやインターネットでのメジャーリーグ中継などというものがなかった。ほぼ2年に一度、日米野球でメジャーのチームが来て、彼らのプレーを拝めたが、オフシーズンのお遊びのようなものだった。「一度、真剣勝負のメジャーの野球をこの目で見たい！」とずっと思っていた。

忘れもしない昭和39年。秋に東京オリンピックが開かれるため、その年のプロ野球は開幕が前倒しになって、シーズンが早く終わることになった。

チャンスだと思った。日米の野球シーズンはほとんど同じだったため、これまでメジャーの試合を現地で見られなかったからだ。

そこで早々にワールドシリーズのチケットを取って、本気のメジャーを見よう、勉強しようと考えた。

ところが、よりによってその年、私のいた南海ホークスは日本シリーズに進出。阪神タイガースとの激戦になって、最終の第７戦までもつれた。

あれにはまいった。ワールドシリーズより数日早く始まったとはいえ、予約していた１戦目、２戦目が見られなくなったからだ。

それにしても、何とか観戦できたメジャーの試合は衝撃だった。

ヤンキース対カージナルスの戦いだったが、カージナルスの四番バッターが無死一塁、一打同点のシーンでバントをしたからだ。

「四番に送りバントをさせるのか？」

当時の日本の野球関係者には、信じられない戦術だった。しかし、勝つためには手段を選ばない。それこそがプロの野球なんだと身にしみて理解した。

私の野球観の一つになり、野球評論にも生きると思った。

ただ人生がおもしろいのは、監督をあきらめて別の道を模索していたら、思いがけず監督になっていたことだ。

見えない努力が奇跡を起こす

1970年。35歳のときだった。

南海のキャッチャーだった私に、監督の話が来た。ありえないと考えていた監督の席に座れる喜びがあった。

しかし、実際に7年間、キャッチャー兼監督をした結論としては「プレーイングマネジャーは無理」ということだ。

たとえば選手として一生懸命練習していると、他の選手に目が行き届かない。

しかし監督業に集中すれば、自分の練習ができない。

加えて「選手としての自分を叱る人間」がいなくなることは、決定的なデメリットだ。人は叱られることで改善点を見つけられ、力を伸ばすことができる。しかしプレーイングマネジャーは自分で自分を叱るしかない。それでは到底、機能しない、ということだ。だから結局、パ・リーグ優勝は１回あったが、日本一になることはなく南海での監督業を終えたわけだ。

思えば、この時代が、ちょうど40代に入った頃だ。

転機となったのは、私の人生の師である評論家の草柳大蔵さんを、妻の沙知代から紹介されたことだ。45歳で現役を引退。いよいよ野球評論家になるというときに、草柳さんに聞いてみた。「評論家とは何ですか？」と。

草柳さんはいった。

「予備知識は重いほどいい。先入観は軽いほどいい。よい本を読み、原理原則を知り、そのうえで野球を語りなさい」

私はそれをそのまま実行した。「無知無学」を自覚していたからこそ素直に学べたのだろう。

新聞やテレビで野球評論の機会があれば、草柳さんにすすめられて読んだ安岡正篤《やすおかまさひろ》や「老子」などの本の一節を交えつつ、自分の野球の経験を折り重ねて伝えるようにした。もちろんプレーイングマネジャー時代に得た知見やメジャー視察でつかんだ考えも含めて話をした。

おかげで、それまでにはない論理的でわかりやすい野球評論をすることができたと思っている。それが日本一の評論だったかはわからない。しかし奇跡が起きた。

１９８９年。54歳になった私に連絡が入ったのだ。

「野村さんの評論や解説に感銘を受けた。よく野球を知っている人にチームを任せたい」ヤクルトスワローズ（現・東京ヤクルトスワローズ）の当時の球団代表だった相馬和夫さんに、そういわれた。

もう監督は無理だろう……そう考えて日本一の野球評論家を目指し、本を読み、貪欲に学んだ。しかし、その結果、解説が注目されるようになり、学歴もコネも超えて、縁のなかったヤクルトスワローズの監督となった。そして、そこで日本一を三度、経験できたわけだ。

80代にもなって、いまだこのような本を出させてもらっているのも、40代からのリスタートがあったからだと強く思う。

法則
02

見た目にもっとこだわれ

▼人の心理は必ず外見ににじみ出る

いまプロ野球で見るのが楽しみな選手

最近のプロ野球には見るべきところが少ない。

魅力のない球団、魅力のない試合、魅力のない選手がじつに多い。

しかし、見るのが楽しみな選手がひとりいる。

埼玉西武ライオンズの森友哉《ともや》だ。私は森のファンである。2017年はWBC（ワールド・ベースボール・クラシック）強化試合でケガをして苦労したが、スイングの速さはすばらしい。キャッチャーとしての力を磨けば、ますます楽しみな選手になるだろう。

ただ、一つだけ気に食わないのが、森が髪の毛を茶色に染めたことだ。何を色気づいたのか、2016年のオールスター戦あたりから、元の黒髪を茶色に染めて球場に現れるようになった。あのままでは、せっかくの才能も埋もれてしまうだろう。

「人は見た目が9割」というが、野球人だって見た目が9割。いや、9割8分5厘くらい「どう見えるか」が重要だからだ。

巨人とヤンキースが強い本当の理由

ヤクルトでも阪神でも楽天（東北楽天ゴールデンイーグルス）でも、私は選手たちに「長髪・茶髪・ヒゲ」を禁止してきた。

仕事に対する姿勢は、まず外見に表れる。

「目立ちたい」「格好をつけたい」――髪を伸ばしたり、茶髪にするような選手には、そんな思惑があるのだろう。

しかし、プロ野球選手なら、野球で目立つべきである。格好をつけたい心意気は大いに結構だ。ただ、それならプレーで格好をつけてほしい。

これは野球に限った話ではないと思う。ボサボサの頭とヒゲとTシャツ姿で働いている営業マンが、実際にいい成果を残せる可能性は低い。上司や部下、取引先は、その姿を見て「信頼できる」とは到底思えないはずだ。

「どんな格好だろうが成果を上げればいいのではないか」

という向きもあるだろう。

見当違いの批判だ。

たとえば、日本でもっとも外見に厳しいチームは、読売巨人軍である。

巨人軍の創業オーナーで、〝日本プロ野球の父〟といわれた正力松太郎さんは「巨人軍は常に紳士たれ」という言葉を残した。その教えに基づいて、巨人軍はいまだに「茶髪、長髪、ヒゲ」が禁止だ。野球選手である前に一人の人間として人の手本たれ、ということだろう。

ちなみにメジャーでもっとも外見に厳しいのは、マー君（田中将大《まさひろ》）がいるニューヨークヤンキースだ。

さすがにアメリカなので髪の色までは問わないが、巨人同様「長髪」と「ヒゲ」は禁止。そしていうまでもなくいまも昔も常勝の人気チームだ。いまの巨人はかつてほどの勢いはないが、毎シーズン、ペナントレースではたいてい上位に食い込んでくる。

外見は仕事への姿勢を表すとともに、成果と直結する。洋の東西を問わず、それは同じということなのではないだろうか。

勘違いしてほしくないが、「何も見た目に気を使わなくていい」といっているわけではない。

プロは見られるのも仕事。むしろファッションを含めた「見た目」には気を使うべきだ。思い出すのは、それこそ紳士として巨人の選手、監督としても活躍した水原茂さんの姿だ。

私は水原さんが東映フライヤーズ（現・北海道日本ハムファイターズ）の監督だった頃にオールスターで一緒になったが、それはもうかっこよかった。ビシッと折り目正しいユニフォームを着たあと、姿見で全身を映し、裾や袖の左右の長さまでチェックする。バランスを調整するのだという。

それを見て思ったものだ。「そこまでやるのか！」と。

もっといえば、水原さんは「ファンに見えない」場所にまでこだわっていた。ふつうのパンツの上に、鹿革の茶色い股引《ももひき》を穿《は》いていた。「それ、どこで買ったんだ？」と思ったものだ。

ただ、見た目にまでスターらしさをまとっていたのは、長嶋に勝る者はいない。

彼の場合は、ユニフォームや私服にこだわったわけじゃない。ヘルメットと姿勢だった。

長嶋が身をもって示したプロフェッショナリズム

長嶋が人気があった秘密は、キャラクターやプレーそのものにもあるが、「自分がどうすればかっこよく見えるか」にまで強く意識していたことだ。

だから「ヘルメット」にも強いこだわりを持っていた。

有名な話だが、長嶋はわざと大きめのヘルメットをかぶって打席に立った。そしてフルスイングする。

スター選手が豪快にヒットを打てば、観客が盛り上がるのは当然だ。しかし長嶋の場合は、三振しても「かっこいい！」と盛り上がった。

思い切り空振りすると、ブカブカのヘルメットがグルン！　と回って飛ぶのだ。迫力があるし、長嶋の思い切りのいいプレーが誇張されるわけだ。

自分をどう見せたいなんて小さな話ではない。「ファンにどう思わせたいか」をいつも考えていたことが、彼のスターたるゆえんだろう。

こんなこともあった。

長嶋はシーズンオフの日米野球のときですら、全試合、全イニングに出場していた。日本シリーズまで戦った直後だから、体はボロボロだったはずだ。

だから、同じ日本代表チームになった私は、一度、長嶋にいった。

「チョーさん、毎試合フル出場は大変でしょ。監督にいって休ませてもらったら？」

すると長嶋はこう答えたよ。

「いやあ、私は毎試合出ているけど、私のことを見に来てくれるお客さんは、もしかしたら初めての野球観戦だったり、一生に一度しかない観戦かもしれない。そう考えると休めないよ」

二の句が継げなかった。仕事に対するこんな姿勢こそが、本当のプロの「美意識」なんだ。見習おう、と素直に思えた。

人の心理は見えないようで、外側ににじみ出る。すなわち人が見せる外見と所作、そして態度というのは、その人そのものを表すということなんだろう。

裏を返せば、服装や所作を整えることは、仕事への姿勢や意気込みを整えることにもなる。だからプロたるものは、周囲からどう見られているかを意識して、身だしなみを整えたほうがいいと私は思う。

森も茶髪をやめて、ビシッとしてみたらどうか。あるいは、鹿革の股引でも試してみるのも手じゃないか？

法則
03

カネをケチるな

▼いずれ自分の人生に
〝結果〟として返ってくる

私が洋服にカネをかける理由

見た目といえば、こう見えて私も気を使っている自負がある。

洋服、そして時計だ。私は自宅に専用の衣装部屋を持つほど、着道楽《きどうらく》だ。酒を飲まないし博打《ばくち》もしない。カネを使う場所といえば、服や時計くらいしかないというのが理由の一つ。

加えて、顔もハンサムじゃない（苦笑）。着るものくらいかっこつけんと女性が相手にしてくれない、というわけだ。

しかし、私が服や時計をやたら買う一番の理由は「劣等感」だ。京都の田舎で食うのも大変だった子どもの頃に抱いた劣等感を晴らすように、私は浪費家になった。また、それは自分自身を奮い立たせる原動力だとも感じている。

〝見栄〟が自分を成長させる

あれは高校卒業後、テスト生として南海ホークスに入った１年目のことだ。

シーズン終了後、初めて故郷である京都の田舎に里帰りすることになった。地元初のプロ野球選手の凱旋《がいせん》だ。

もっとも、プロの選手とはいえ、当時の私は二軍の試合にすら満足に出られない状態。当然、安月給。服なんてユニフォームと練習着の他は高校時代の学生服くらいしかなかった。

しかし、それでは格好がつかない。だから堺東《さかいひがし》にあった洋品店で、上着をまず買った。10か月の月賦《げっぷ》だった。

ところがズボンにまでカネが回らない。そこで同期でピッチャーだった宅和本司《たくわもとじ》に相談した。彼は私と違い、入団後すぐに一軍入りして新人王になった。球団から出た臨時ボーナスで神戸の仕立屋から、しょっちゅう服を買っていた。「1本くれないか」と頼むと、宅和はギャバジンという上等な生地のスラックスを私にくれた。少し擦《す》れていたので裏返して仕立て直してもらった。こうして何とか月賦ともらい物で格好をつけて凱旋したわけだ。

「高そうな服、着てるなあ」

「さすが、プロは違う！」

田舎の誰もが羨望《せんぼう》の眼差《まなざ》しだった。当然のように「いくら稼いでるんだ？」と聞かれた。「想像に任せるよ」と答えておいた。とても本当の額はいえなかった。

19歳か20歳の頃の話だ。見栄を張ったこの苦い経験から、私は「必ず成功してやる」「うまいもの食って、いい服を着てやる！」というプロ野球への執着心が強まった。

劣等感は夢を膨らませるのだ。

誰のため、何のためにカネを使うか

洋服以外に、私が意識したカネの使い方が二つあった。

一つは「自己投資」だ。先に触れたとおり、当時は日本で見られなかった「本当のメジャーリーグ」を見るために、自腹で米国視察に行った。引退後、評論家として、また監督として成果を収められたのは、ちょっとした自分への投資の積み重ねの上にある。

そして二つ目は、「他人にカネを使う」ことだ。

選手時代、時に選手同士で食事に行くことがあった。私たちの時代は「一番稼いでいるヤツが払う」のが暗黙のルールだ。だから南海では私が払うことが多かった。酒は飲まないから、カネだけ払う損な役回りだった。

ただ、こうしたちょっとした行動を人は見ている。中心選手やベテラン選手がケチな態度を見せると「あいつは自己中心的だ」と思われる。それでは、この人についていこうなんて思えるはずがない。中心選手、リーダーはケチではダメなのだ。

ただし、私は監督になってからは、選手と食事に行くようなことは一度たりともなかった。そんな姿を見せて特定の誰かをひいきしていると思われたら、チームの士気が下がるからだ。監督になったら、カネを使うより、気を使ったほうがいい。

つまるところ、カネというのはいかに使おうが、「いつかは自分の人生に跳ね返ってくる」ものなのだろう。そして私は、やはり野球のためにカネをより多く使ってきたのだと思う。そんなカネの使い方が、私がいつもジャケットの襟《えり》につけている「1500」のバッジとなった。

どうして「1500」なのか。これはプロ野球監督として1500勝を達成したときのお祝いとしてもらったバッジだからである。

亡き妻からの贈り物

プロ野球界で１５００勝をなしとげた監督は、史上５人しかいない。そのうちの１人が私だ。楽天時代に達成したのだが、球団は誰一人として「おめでとう」もいってくれない。しかし、うちの奥さんが祝賀会を開いてくれた。

元首相の中曽根康弘さんを発起人代表に、政財界などから錚々《そうそう》たるメンバーを８００人も呼んで祝ってくれた。

そのときに記念品として奥さんがくれたのがこのバッジだ。ありがたいことだった。そもそも妻には頭が上がらなかったが、ますます頭が下がる思いだった。いまもジャケットを着るときはこのバッジを身に着けている。このバッジを見るたびに、彼女を思い出す。

法則
04

仕事道具にとことんこだわれ

▼成果を上げ続ける人の共通点

一流かどうかは道具でわかる

野球以外、人に誇ることのない私だが、一つだけよくほめられることがある。達筆なことだ。

小学生の頃から、よくほめられた。書道の授業で「野村君は字だけはうまい」といわれた。いまは出版社の編集者から「サインを書け、サインを書け」とよくいわれる。日々、書道の鍛錬をさせていただけていることも功を奏しているのかもしれない。

書といえば、「弘法筆を選ばず」という言葉がある。

いうまでもなく、書の腕も一流だった弘法大師のような達人は、「どんな道具を使っても、いい仕事ができる」という意味だ。

しかし、私は道具にこだわる者こそが一流のプロだと思う。

道具が変われば結果が変わることを味わってきたからだ。

たとえば現役時代、私のバットだけがグリップのやたら太い、いわゆる「すりこぎバット」だったことを知っているだろうか？

ブルペンで他人のバットを盗み見ていたワケ

京都の田舎の高校で野球をしてきた私は、テスト生で南海に入ってからも野球道具の知識など皆無。「バットの良し悪し」なんてわからない青二才だった。

ただラッキーだったのは、ブルペンキャッチャーをしていたことだ。ブルペンには南海の先輩はもちろん、相手チームの選手のバットもゴロゴロ置いてあった。それらをこっそり握っては、「なるほど。あの人はこんな感じか」と毎回バットをチェックしたわけだ。

次第に共通点が見えてきた。

長距離バッターはみな、グリップが細いバットを使っていたことだ。

グリップが細いとバットの先端が重く感じる。そのためスイングすると遠心力が増して、長打が出やすくなる。当時はそういわれていた。

そこで、私もなけなしの給料をはたいて、グリップの細いバットを買ってみた。

ところが、問題があった。細いバットは芯を外すとすぐ折れてしまうのだ。まだ二軍の新人にはカネがない。仕方ないから、頻繁に一軍の練習場に行っては、先輩に「バットください！」といつも譲ってもらっていた。もちろん細いグリップを使っている選手を狙って、声をかけた。

ある日の練習中だった。

いつものようにバットが折れたので一軍のロッカーに向かったが、細いグリップのバットが一本もない。あったのはグリップの太い〝すりこぎ〟のようなバットだけだった。「まいったな……」と思わず声が出た。

当時、グリップの太いバットは「力の足りないミート型打者向け」とされ、私は敬遠していた。かといって、バットがなければ練習にならない。仕方なく、そのすりこぎバットを持って二軍の練習場に戻った。

すると素振りから感覚がまったく違った。振りにくかったのではない。「振りやすかった」のだ。

バッティング練習を始めるとさらに驚いた。ポンポンポンポン……と、グリップが細いバットより、すりこぎバットのほうがおもしろいように打てた。

早速、次の試合からそのバットを使いだした。以来、打球は飛び始めて、私は徐々に注目されるようになって、結果的にレギュラーに上がっていた。

「固定観念は悪」——。

私がよくいうセリフだが、道具にもまさに当てはまることだ。「これさえあれば間違いない」「みなが使っているから」。そんな安直な判断ではなく、目で見て、触って、自らの頭で判断して道具を選ぶことが肝要だ。それは道具に限らず、仕事そのものに向けても持つべき基本姿勢だろう。

なぜ仕事道具にこだわると成果が上がるのか

レギュラーとなり、バットを買うカネを手にしたあとも、私は道具にはとことんこだわり続けた。

グリップの握りが気に食わないときは、職人に頼んで直してもらうこともあった。「グリップを紙一枚分くらい細くしてくれ」と頼むと、すっと紙やすりで2、3回だけ削ってくれた。ふたたび握ると様変わりする。グッと振りやすくなった。職人技に感心したものだ。

道具へのこだわりは、半分は感謝の気持ちによるものである。野球という仕事一本で稼ぎ、メシを食い、家を建てた。しかし、バットなどの道具がなければ仕事はできない。家も建たない。そんな強い感謝の思いがあったからこそ、私は貪欲に「よい道具」を求め続けたのだと思う。

仕事道具にこだわる人間は、仕事に対する貪欲さを常に持っている。だから、成果を上げられるのだ。

そうなると、思い出す男がひとりいる。清原和博だ。

清原と私の意外な共通点

私は頭が大きくて、頭周りが60センチほどある。悩みはヘルメットだった。大きいサイズのヘルメットがないため、サイズの合わない小さいものをむりやりかぶっていた。

しかし、あるときチャンスが訪れた。

日米野球だ。１９７０年、大阪球場でサンフランシスコ・ジャイアンツと対戦したときだ。練習のどさくさに紛れて、彼らのヘルメットをかぶってみた。やはりメジャーの選手は体も頭もでかい。私にちょうどいいのが一つあった。用具係に「日米野球が終わったら私にくれ」と約束を取りつけた。

見た目もよかった。それを手にした私は、ジャイアンツの黒を南海のグリーンに塗り直して使った。また、ロッテ（現・千葉ロッテマリーンズ）に移籍したときはロッテのカラーである黒に塗り直した。最後、西武に行ったときは水色に塗り上げて、現役引退まで使い続けたのだ。

この話が清原につながる。

清原も頭がでかい。ずっとヘルメットに困っていたらしい。しかし、入団間もないとき、西武の倉庫で眠っていた大きなヘルメットを見つけた。かぶるとちょうどいい。サイズは60センチ。気に入った清原はそれを使い始め、巨人に行ったあとはもちろん、オリックス（オリックス・バファローズ）で引退するまで使い続けたようだ。

そう、私のヘルメットだ。

道具にこだわる彼も、やはり貪欲さを持った、球界に欠かせぬ存在だった。

そんな男がまた野球を語り、野球に貢献してくれることが、日本野球界の未来をつくるのだ。

「弘法も筆の誤り」という言葉もある。

道を踏み外したのは過去のことだ。また清原が野球に恩返ししてくれることを私は願っている。

法則
05

肉を食べろ

▼食べているものに
仕事への姿勢が表れる

何を食べているかで仕事の姿勢が見える

「どんなものを食べているかいってみなさい。あなたがどんな人間か当ててみせよう」

ヨーロッパの美食家の言葉にそんなものがあるらしい。

言い得て妙だ。たとえばカネがなければ、ろくでもないものしか食べられないはずだ。逆に、あり余るほどの金持ちなら、豪勢な食べ物が多くなるだろう。

何を食べているかを知れば、その人間のおよその収入や生活までが透けて見える、というわけだ。

食べたものから、仕事に対する姿勢も見える。

私は27年間、プロ野球の世界で選手をしてきた。晩飯に関していえば、私は一軍に定着して以降、一度も寮などで出される球団が用意した食事を食べたことがなかった。プロ意識からだ。

ホームランの量産は肉のおかげ⁉

「これがプロの食い物か？」

私が入団した頃のプロ野球球団、しかも、南海などという貧乏球団が出す食事は、それは貧相なものだった。

キャンプの合宿へ行くと、食事どきには、おひつに入ったご飯と、大きな鍋に入った味噌汁がまずドンと出てくる。おかずとともに食べ放題だったが、おかずは一品だけ。大量の「漬け物」だけだ。

そこまでひどくはないが、寮でも似たようなものだった。とにかく貧相な食事で、とてもホームランを打てる活力を得られるものではなかった。

だから一軍に上がってからはほぼ毎日、夕食は外で食べた。

メニューはいつも牛肉だ。大阪の千日前《せんにちまえ》にあった韓国料理屋にシーズン中はほぼ毎晩行って、よく食べた。

戦前生まれの私たちの世代は、とにかく食うものに困った世代だ。とくに貧乏だった私は、牛肉を食べられるのなんて1年のうち、正月だけ。

「プロになったらカネを稼ぎ、腹いっぱい焼き肉を食べたい」

そんな文字通りのハングリーさを肉で埋めたい気持ちが強かった。

また、「牛肉＝スタミナ」というイメージも強かった。栄養学的にはむちゃくちゃなのだろうが、当時は上等な肉を食べるとパワーがつく、だからホームランが打てる、と信じて疑わなかった。

実際、夏場になると体調不良やスタミナ切れで調子を落とす選手が多い中、肉三昧の私は絶好調だった。相手が弱っているところにつけ込んで打ちまくった。思うに、大半は自己暗示だったのだろうが……。

いずれにしても、私にとっての食事は、すべて「野球のため」だったということ。肉食系なのは、プロとして戦い続けたいという意志の表れなのだ。

才能ある人間が陥る三つの罠

もう一つ、私がこだわったのは「酒」だった。

野球に限らないだろうが、「一流」と呼ばれる人間は、100人に1人いたらいいほうだ。しかし、そんな才能ある人間も、多くは脱落していく。ダメになっていく。努力するよりもラクな道を選んで、成長しなくなるのだ。

私の知る野球の世界でいえば、堕落の原因となるのが「酒、女、ギャンブル」の三つだ。そして、意外かもしれないが、その三つのうち「酒」でダメになるという人間が、圧倒的に多かった。

理由は簡単だ。

女性に関しては相手の都合がある。ギャンブルはカネがいる。しかし、酒だけは24時間飲むことができる。タダ酒の機会もある。自制心がないと転がるように酒におぼれてしまう、という仕組みだ。

多少は遊んでも構わないだろう。しかし、酒は思っている以上に怖い。自制が利かないなら飲まないほうがいい。私はそう思い、現役時代を通して酒はやらなかった。

余談だが、この年齢になっても私が体力や気力を維持し続けられている理由は、食よりも「睡眠」かもしれない。

現役時代からナイターが多かったから、いまも昼夜逆転しているが、昔もいまも一日8~10時間は寝ている。年寄りは眠れなくなるというが、私はいまもそれだけ寝ている。カメ理論だ。動物の中でも、ワニやカメのようなジーッとしている動物ほど長生きなのだ。だから、私はしぶといのかもしれない。

法則
06

常に備えよ

▼とっさの決断の裏にある膨大な準備

イメージトレーニングを日々欠かさなかった結果……

野球に限らず、勝負事というのは判断、決断の連続だ。やるべきとき、変わるべきとき。その潮目にタイミングよく判断して即断することは勝負の分かれ目になる。

私の場合も選手時代、状況を即座に判断して勝負に勝ってきた。キャッチャーミットを持てば投手の配球の決断を、バットを持てば相手ピッチャーの配球の予想を〝すぐに〟決めなければならなかった。

ただ、そんな素早い決断は「一瞬のひらめき」などという安易な発想から生まれるものではない。「備えていた」からこそできるのだ。

たとえば、現役時代、私は〝一日3試合すること〟を日課にしていた。

最初の〝1試合目〟は試合前のロッカールームだ。

頭の中で味方の先発投手と相手チームの一番から九番までの打者を思い浮かべた。そしてイメージの中で全イニングを想像しながら勝負し、全打者の攻略法を練っていく。

続く〝2試合目〟は、いうまでもなく現実の試合だ。直前のイメージトレーニングで描いた戦略を試しながら挑む。

そして試合後、家に帰ってから最後の〝3試合目〟が始まる。「どうしてあそこでカーブを打たれてしまったのか」「あの打者は、次はどう攻めるか」と振り返りながら反省するというわけだ。

一日3試合を通して、考える、感じる、省《かえり》みる——。これを繰り返すことで判断力を磨いていた、ということだ。

一日は24時間しかない。この24時間をいかに使うかで大きな差が出る。イメージトレーニングを含めて一日3試合。これを続けた人間と、何も考えずに目の前の試合を消化してきた人間とでは、どれだけの差がつくかはいうまでもないだろう。

不安、恐怖心に打ち勝てるようになった〝きっかけ〟

もっとも、私は最初から〝すぐに〟判断できるタイプではなかった。判断に自信を持てず、いわば〝配球ノイローゼ〟になったことすらある。

あれは、プロ4年目のことだ。

首尾よく一軍でキャッチャーをやらせてもらえたが、当時は配球にまったく自信がなかった。もとより「気合いと根性」を信条とした当時の南海野球に、配球の理論などない。

しかし、なぜ「その球を選んだのか」という根拠がないままミットを持つ怖さはすさまじかった。打たれたら私の責任。負けたら私のせい。しかし、理由も見えず、反省もできない。あまりの恐怖心から、あるとき、サインを出す指が止まった。

「配球に自信がない。サインが出せません」

鶴岡（当時は山本）一人《かずと》監督にそう告げた。

すると、「バカタレ。じゃあ外野を守れ！」と試合途中でコンバートだ。そこでライトで守ったが、慣れないライトの守備なので、ヤジがすごかった。「野村、守るのそっちじゃないぞ！」「もっと前だろ！」と。

ただ、結局、5回途中で「帰ってこい」と監督に呼び戻された。「他のヤツはもっとダメだ。お前のほうがましだ」と。

正直、嬉しかった。信頼されていることを感じたからだ。「怖がっている場合じゃない。

すぐに判断できる配球の根拠が見えないなら見つけてやる！」と、私はそれを機にまた変わった。

一日3試合は、この頃から始まったものだ。そしてそれを積み上げた結果が、キャッチャーとしてピッチャーに要求する配球、さらには監督になってからの選手起用の揺るぎない根拠になっていったわけだ。

いずれにしても、一個ずつ一個ずつ、小石を積み上げていくような積み重ねがあって初めて、正しい決断がすぐにできるようになる。

むろん、それは野球に限った話ではないだろう。

第2章

いいリーダーほど小心者

――〝自分の弱み〟で勝負できる人間は強い

法則
07

もっと恥をかけ

▼人は「恥ずかしさ」に比例して進歩する

「恥の意識」とは「プロ意識」

大谷（翔平）が投げない――。

２０１７年のＷＢＣのとき、ケガを理由に辞退した大谷翔平のニュースが日本中を駆けめぐった。「日本、大丈夫か？」「これでは優勝はムリだな」などと心配する声が数多く発せられた。

日本球界にとって、いかにも〝恥ずかしい話〟だと感じたものだ。

日本のプロ野球には、大谷の他にいい投手はいない、ということに他ならないからだ。

大谷はそもそも打者との兼務である。二刀流の若手選手を誰より活躍させてきたパ・リーグの選手たち。投手・大谷を打てず、打者・大谷には打たれ続けた彼らに「恥の意識はないのか？」と聞いてみたいところだ。

もっとも、私は「恥の意識」を「プロ意識」と同義だと思っている。

プロとは、野球選手として当たり前のことを当たり前にする力を持つ者のことだ。あるいはシロウトには困難なことを、あたかも簡単なことのようにこなせる人間のことを指す。裏を返せば、当たり前のことができない野球選手は、プロ失格ということなのだ。

しかし、そんなときに「恥ずかしい」と思えることもまた、プロの大事な条件である。

たとえば試合でミスをしたとき。

心底、「恥ずかしい……」と感じた人間は、次の策を練るものだ。

「なぜ、あんな配球をしてしまったのか」

「どうしてあのボールに手を出したのか」

恥を感じた者は、「なぜ?」「どうして?」と自らの失敗をしつこいくらいに振り返る。

二度とミスを繰り返したくない、という気持ちがエンジンに注がれるガソリンとなる。

話を戻すが、大谷に対して、他球団の選手はどれだけ本気で策を練ったのか?

どこかで「大谷相手なら仕方ない」などという甘えがあったのではないだろうか——。

弱点と向き合い続けた現役時代

恥こそプロ意識そのもの。

そう言い切れるのは、何を隠そう、私自身が常に恥ずかしさを背負うことで、プロ野球選手の道を全うできたからだ。

「生涯一捕手」などとスローガンを掲げて、中学時代からずっとキャッチャーを続けてきた。その私の弱点が何か知っているだろうか？

キャッチャーフライである。

バッターボックス付近から垂直に上がるフライ。あれが大の苦手だった。捕れないのである。

そもそも私は京都の田舎の高校の野球部出身。顧問の先生は野球経験のない化学の先生だった。そんな監督だからノックなんて打てない。キャッチャーフライの練習なんてしたことがなかった。

大恥をかいたのは、プロに入ってからだった。

練習試合でもキャッチャーフライが上がったら緊張する。当然、それではうまく捕れない。何度も何度も恥をかいた。

しかし、だからこそ、キャッチャーフライの克服を目指すとともに、それ以外の技術を磨こうとした。

そのためには練習を積むしかなかった。試合が終われば、すぐに夜の街に繰り出す先輩選手を尻目に、寮の庭で誰よりも素振りをした。試合中も試合後も、誰よりも選球眼を磨いた。誰よりも配球のワザを身につける努力もした。

プロとして恥ずかしい。常にそんな恥の意識があったからこそ、「何とかその恥ずかしさを消したい」と強烈に願い、努力を積み重ねたわけだ。

だからこそ私は、1954年に南海ホークスに入団してから80年に西武ライオンズで最後のシーズンを迎えるまでの27年間、現役生活を全うすることができたと思っている。

そして引退のとき、こんな言葉を残した。

「恥をかき続けた27年間を終わってみて、『人間は、恥ずかしさという思いに比例して進歩するものだ』と気がついた。『恥ずかしい』と感じることから進歩は始まる」——。

自分でいうのも何だが、名言だと思う。そんな言葉を放ちながらも、引退する最後の最後まで、キャッチャーフライは苦手だったが。

恥をかける人間ほど伸びしろがある

監督になってからも、選手たちには「プロとして恥ずかしくないか⁉」という言葉をよくかけてきた。

とくに技術面で未熟な選手が目立った楽天時代は、「恥」の意識を強調して、選手たちを鼓舞した面があった。

たとえば、一場靖弘《いちばやすひろ》だ。

大学選手権で完全試合を成し遂げたこともある元明治大学のエース。

楽天球団創設と同時にドラフトで入ってきた期待のエース候補だった。

2007年、私が楽天の指揮をとって2年目のことだ。

4月の対日本ハム戦で2回途中から中継ぎとして一場に投げさせた。

しかし、一場は日ハム打線にすぐにつかまる。

6回まで毎回得点。5回を投げて18安打、14失点というすさまじい負けっぷりだった。

ベンチには一場に代わる投手がいなかった。

そんな台所事情もあったが、もう一つの私の狙いは「あえて恥をかかせる」ことにあった。

大学野球での栄光を引きずっていた一場に、一皮むけてほしかった。打たれて、打たれて、ボロボロになったところで「大恥をかいた……」「なぜだ?」「なにくそ!」という内なる闘志を奮い立たせたかったのだ。

イチかバチかだった。

じつのところ、一場はあのあと、すぐヒジを壊して戦線離脱した。「失敗したか……」と思ったが、7月後半には中継ぎに復帰。もとより持っていたスピードとコントロールに粘り強さが加わって、後半戦だけで6勝した。

振り返れば、球団初の最下位脱出の立役者のひとりになってくれた。

大人になってからの恥は屈辱的なものだ。

プライドはズタズタになり、心を乱される。

しかし、深く沈んだときこそ、人は高く飛び上がれるものでもある。

恥を存分にかいたのなら、存分に取り戻さなければ損だろう。

私は「失敗」と書いて〝成長〟と読む。

野球に限らず、プロであるなら、自らの仕事のうえで生じるミスを恥だと感じなくなったら、もはや失格だということだろう。

裏を返すと、恥だと思えるということは、まだ伸びしろがある、ということなのだ。

ところで、監督からも足を洗った私は、評論家のプロとして生きている。

しかし、最近の若い選手の名前がまったく出てこないし、すぐ忘れるために結構な恥をかいている。

齢《よわい》82歳を超えて、まだ伸びしろがあるのだ、と信じている。

法則
08

自分を〝ひずませ〟られるか

▼大谷翔平の身体能力以上にすごいところ

大谷と話して気づいたスターたるゆえん

大谷翔平といえば、2016年の日本シリーズでの活躍は見事だった。広島東洋カープ相手に2連敗を喫していたあとの3戦目。内角低めのボールをうまくさばいたサヨナラ打が、その後の勝機を北海道日本ハムファイターズにもたらした。勢いづいた日ハムはその後4連勝。見事な日本一だった。大舞台での勝敗を左右する活躍。まさにスターの証しだった。

類いまれな身体能力と野球センス、加えて引きの強さ——当然、それらもスーパースター大谷の強さを支えている。

だが、彼をここまで輝かせた理由を、私は〝謙虚さ〟だと思っている。

日本シリーズで活躍するちょうど1年ほど前、ある雑誌で大谷と対談する機会があった。

そのとき、何より感じたのは、彼の謙虚な心だった。

たとえば、大谷は試合ごとに気になった点があれば「メモを取る」という。何でも貪欲に学ぶ姿勢があり、「読書を欠かさない」ともいっていた。言葉遣いもきわめてよかった。

これこそ大谷の強みだなと確信した。

なぜかわかるだろうか？　謙虚さを持つ人間は常に、自分を「ひずませる」ことができるからだ。

努力できる人に共通しているもの

野球に限らず、一流になるためには避けて通れない〝道〟がある。

「努力」という名の道だ。

いくらすばらしい身体能力と高い技術を持っていても、努力なしに一流にはなれない。プロの世界には才能ある人間が、さらに上を目差して自分を磨く努力をしている。道を外したら即、誰かが追い越していくわけだ。

ただし、問題はこの努力には即効性がないこと。

素振りしてもいきなりは打てない。配球を研究してもすぐには勝てない。そんな状態が長く続くと、選手は「この世界は素質だ」「私は才能がない」と思いたがる。要は努力という道から逃げたがるのだ。

そんなときに強いのが〝謙虚〟な人間だ。

「自分はまだひよっこだ」

そんな思いがあれば、「伸びないのは努力が足りないからだ」と素直に原点に立ち戻れる。

謙虚が人を「ひずませる」とは、そういう意味である。

「ひずむ」とは「体を小さくかがめる」ことだ。

高く飛ぶためには、まず体を小さくして反動をつけるのがセオリーだ。謙虚にひずむことは、高く飛ぶための欠かせぬ助走、というわけだ。

私もまた謙虚な人間（！）だからわかる。ただ、大谷の謙虚さの裏には親の教えがあるようだ。

私たちの世代は違う。ハングリーさだ。

子どもの頃に父親を早く亡くした私は、家計を助けるため、小学生のときから子守りやアイスキャンデー売りをした。

そうすると周囲の人たちが「頑張ってるな」と声をかけてくれたり、「アイス、今日も買ってやるよ」と手を差し伸べてくれた。アイスキャンデーなどは売れ残ると溶ける。けれどアイス屋のおやじは「頑張ったな」と溶けたアイスは売れたことにして勘定してくれたりした。

こんな経験を子どもの頃からしていると、「周りに支えられて生きている」と心に染み入る。それが「俺が俺が」という傲慢《ごうまん》さより、

「誰よりも私は未熟だ」

「もっと努力せねば」

と感じる謙虚さを培《つちか》わせるのだろう。

世代もある。王もカネやん（金田正一）も、私たちの世代の選手はみな、貧乏でハングリーだった。だから謙虚に努力し、切磋琢磨《せっさたくま》できた。当時のプロ野球界がおもしろかった理由かもしれない。

やはり〝ひずむ〟ことに尽きる。小さくガマンして、かがんで努力を続けていれば、いつか高く飛べる。花が開くときが来るのだ。

そう考えると、大谷は貧乏でもハングリーでもないのに、謙虚だし、結果も出している。5年で日本球界を卒業して日本を飛び立ち、メジャーリーグでも活躍しそうだ。しかも顔までいい。少し恵まれすぎじゃないか、と思う。

まあ、これはひずみではなく、「ひがみ」だが（苦笑）。

法則
09

ポジティブ思考に逃げない

▼自分の弱みこそ最大の武器

マイナス思考だから成長できる

「野村はどうして、いつもボヤくのか」

たまに、そんなことを聞かれる。

答えは簡単だ。〝理想が高い〟からだ。

自分のプレーにしても、チームのプレーにしても、「こうありたい」「ああしてほしい」という、高い理想がいつでも自分の中にある。

しかし現実はたいてい理想とはほど遠い場所に落ちるものだ。

その落差にいらだち、ため息がもれ、「なんでそうなるんや……」とボヤキになるわけだ。

もっとも、大いにボヤくが、「どうせ俺なんて……」とくさるようなことはなかった。ギャップがあるなら、それを乗り越えてやろう、という負けじ魂が自分の原動力だったという自負がある。

裏を返すと、弱いチーム、あるいはすぐに消える選手というのは、高い理想と低い現実の前にふさぎ込む。

自分を低く低く見積もって生き、本当に小さくなって消えていく。

「どうせ私は……」とあきらめ、くさるタイプのコンプレックス人間は、こう考えたらいい。「いまが変わるチャンスだ！」と。

私はあきらめることは、ある意味でとても大事なことだと思っている。あきらめる、ということは、「いまのままではうまくいかない」ことに気づけたということでもあるからだ。それは幸運だ。

コンプレックスや劣等感があればこそ、ある種の自分をあきらめ、自分を変えて、努力を積み重ねられる。

かつて、そうしたコンプレックスをバネに努力を重ね、自分を変えて名球会入りを果たすまでに育った選手がいた。

ヤクルトや日本ハムで活躍し、現在は日本代表チーム侍ジャパンの監督になった稲葉篤《あつ》紀《のり》だ。

稲葉が名選手になれた本当の理由

ヤクルトの監督時代、まだ明治大学の野球部だった息子の克則が、「たまには試合を見てくれ」というので、神宮球場に行ったことがあった。

しかし、私が見入ったのは、相手チームの法政大学の四番を打っていた稲葉だった。

すばらしいホームランを打ち、次の試合にも行くと、またホームラン。

それ以来、気になる選手になっていたので、ヤクルトのスカウトに「(今度のドラフトで)稲葉を取ったらいいのではないか?」と伝えると、「一塁手にしては長打力がない」と返された。

「なら、外野で使えばいい」

私からそう頼み、ドラフト3位で指名してもらった。

うち以外にスカウトが来なかった稲葉は、入団発表のときに「プロ入りしたかったので感謝しています!」といっていた。

稲葉は感謝の気持ちを行動で示した。

普段の行動から違った。神宮の室内練習場に、毎回、誰よりも早く来てバットを振っているのは稲葉だった。用事があって「稲葉を呼んできてくれ」と頼むと、ロッカールームでもたもたしていたことはない。練習場に行けばまずつかまえられた。とくに慣れない外野を任せたことは、稲葉をより努力の虫にさせたようだった。

外野手に求められる能力は、突き詰めれば「確実にボールをキャッチして、素早く返球する」ことになる。

肩がそれほど強くない稲葉は、それを補うために守備位置にこだわった。「打球がどこに来るのか」を誰よりも早く予想して、確度の高い守備位置に立つ練習をしていた。努力の塊だ。

試合でもその姿勢は貫かれ、ファウルだろうが、全力で追いかけた。

思えば私は稲葉に対して、何かしら野球の技術に関してアドバイスをした覚えはない。「常にしっかり備えておけ」としかいわなかった。

エリートではないからこその反骨心と危機感。かつて私が抱いたようなコンプレックスに裏打ちされた、強烈な「負けじ魂」を稲葉に感じた。だから、自ら試行錯誤し、努力することができたのだと思う。

　こうして稲葉はチームメイトからもファンからも愛される選手になった。２０００本安打を達成し、名球会入りにふさわしい名選手になった。第３回（２０１３年）のＷＢＣでも40代ながら代表となり、中心選手として代表チームを引っ張った。

「長所を伸ばそう！」

　人を育てるときに、最近はやたらそういわれるようだ。

　しかし、それだけでは人は育たない。短所が長所の邪魔をすることもあるからだ。少なくとも、コンプレックスを感じるような自分の短所、弱みとは何か。怖がってそこから目をそらしていたら、改善しようがない。

　上を目指したいなら、自分が何が苦手で、何に劣等感を抱いているか――そこから目をそらさずに鍛え上げるか、あるいは他で補うかの「策」を練る必要がある。

　自分の弱みに対する「策」を練る。それがコンプレックスを武器にするための正しい付き合い方だと、私は思う。

法則
10

小心者であれ

▼マイナス思考も使い方しだい

私ほどの小心者はいない

歯に衣着せない物言いをするからか、見た目がふてぶてしいからか。私のことを「大胆不敵」で「怖いものなどない」男だと勘ぐる人がいる。

大間違いだ。

私ほど気が小さい者はいないのではないかというくらいに小心者。そのうえ、超がつくほどのマイナス思考だ。

もともとの性格も当然ある。ただ、いちばんの理由はキャッチャーというポジションを続けてきたことにありそうだ。キャッチャーは誰よりも臆病にならざるをえない。危機管理こそが仕事であるからだ。

マイナス思考は〝ひらめき〟を生む

野球は「筋書きのないドラマだ」とよくいわれるが、違う。

筋書き通りにいかないことがあるだけで、試合の要所要所で筋書きは、ある。

野球において筋書きを書く脚本家の役割が、キャッチャーなのだ。

「ホームランを打たれたら逆転だ。このイニングは誰も塁に出せない……」と、どこに危険が潜むかをまず先回りする。そのうえで「さっきは内角を狙い打ちされた。では今度はどう投げさせるか」と戦略を考える――。

まさにこれは事前に予見し、用意した「筋書き」以外の何ものでもない。

そして筋書きのベースには、必ず「最悪の状況を見据えて、どうするかを考える」作業がある。守りにおける筋書きだから、当然である。だから自ずとキャッチャーはマイナス思考になる。

「こうなったら、どうする」と、危機意識が高い人間にならざるをえないわけだ。

もっとも、このマイナス志向は〝勝負強さ〟につながる。というのも、自分を磨く機会を多く得られるからだ。

人は放っておくと過去の成功ばかりに目が行きがちだ。

成果を出したときを振り返り、ひとりニヤつき、どこかで「あの栄光を、もう一度!」と願う。それを表に出すかどうかはともかく、誰もが経験することだ。

ここに罠がある。

私はよく、「勝ちに不思議の勝ちあり。負けに不思議の負けなし」というが、勝負事に関する勝利は、時に運が作用する。

対戦する打者が調子を崩していたり、味方の投手が絶好調で、運良く勝つこともある。

しかし、負けるときは違う。必ず自分たちに理由がある。

だから成功を振り返り「これがよかった」と分析するより、失敗に対して「なぜ、うまくいかなかったのか?」と考えるほうが意義がある。そうすることで「どこを、どう直せば強くなれるか」という成長のヒントを得られるのだ。

マイナス思考の人間はこの意識が高い。悪いほう、悪いほうを見るクセがあるからだ。

加えて、マイナス思考は、ひらめきを生む引き金にもなる。

心は小さくていい。ただし……

私がヤクルトの監督になって3年目に、「ギャンブルスタート」という作戦でチームを躍進させたことがあった。「バッターのバットにボールが当たった瞬間、ランナーは見切り発車でスタートを切る」という奇策だった。

このとき、バッターが運悪くライナーやフライを打ってしまったらダブルプレーになる可能性が高い。イチかバチかの作戦なのだ。だからギャンブルスタート。

じつはこの策、前年の日本シリーズ第7戦での失敗から生まれたものだった。

七回裏、同点一死満塁の場面、ヤクルトは勝ち越しのチャンスだった。バッターがセカンドゴロを打った。一、二塁間の当たりだったので、二塁手がうまく捕ったとしても、三塁ランナーは楽々ホームインできる状況だ。

しかし、三塁ランナーだった広沢克己《かつみ》（現・克実）は間一髪、ホームでアウト。驚きのアウトである。結局、そのあとに西武に勝ち越し点を取られ、日本シリーズは3勝4敗で敗退することになる。

試合後、勝負の分かれ目となったプレーを振り返って、自分に「なぜだ？」と問うた。

広沢は足が遅い。また、ライナーによるダブルプレーを恐れてスタートに慎重になったことも大きかった。

足が遅いのを克服するのは限界がある。では、何ができるか？

「見切り発車」だった。足が遅い分、早いスタートでカバーすればいい。そして、選手がスタートで躊躇《ちゅうちょ》しないように、ベンチからの指示にしてやればいい――。

その狙いは翌年のシーズンで次々に功を奏することになる。おもしろいようにギャンブルスタートが成功し、それもあってヤクルトはリーグ連覇、日本シリーズでも西武に雪辱し、念願の日本一を獲得することになる。

失敗や失策を「ドンマイ」や「何やってんだ！」で終わらせてはダメだ。失敗やミスを掘り下げることが、次に立ち上がるためのスタートなのだ。

ただ、難しいのは、マイナス思考も過ぎると、勝利が逃げることだ。

思い出すのは、楽天の嶋基宏だ。

かつては、どうにも「内角攻めをしない」配球しかできなかった。怖がっていたのだ。

「もしぶつけてしまったら、次の打席でぶつけ返される」。それが嶋の言い分だった。

頭脳明晰で、配球の読みもうならせるものがある。ただ、嶋はハートが弱かった。いまでこそ、それを克服して、いいキャッチャーに育ったが。

「小心者」というが、心は小さくてもいい。しかし、同時に強さを持っていなければならない。

小心者だからこそ第一線に居続けられた

プロ3年目、私は南海で初めてレギュラーとなったシーズンに、打球を当てて右手親指を骨折した。見つかれば交代だ。前のレギュラーだった松井淳さんにポジションを取られてしまう恐れがあった。それが怖かった。

だからケガを隠し通した。特注のブリキのサックで指を固定し、痛み止めを打ってマスクをかぶり続けたのだ。

松井さんは、それを見抜いた。

ある日、練習中にいわれたことをいまも覚えている。

「ノム、お前には負けたよ」

小さくても強いハートを持つヤツが最後に残る。

周りも応援してくれるようになるのだ。

ちなみに私は、いまも小心者だ。

事務所や家族の応援を得て、明日も明後日も働かされている。「もう少し休ませてくれ」とはいえないから、少しだけイヤな顔して、仕事を減らしてもらおうとしている。

なかなか骨が折れる作業なのだ。

法則
11

リーダーは嫌われてなんぼ

▼強いチームほど〝なれ合わない〟

和気あいあいなチームほど弱い

和気あいあいの組織。

アットホームなチーム。

野球にかぎらず、組織をほめるときに、こうした常套句《じょうとうく》が使われる。

ふざけているのか、と思う。

いまの日本球界の若い監督たちを私は疑問視しているところがあるが、理由の一つはそれだ。彼らは和気あいあいとしたフレンドリーなチームをすぐに作りたがるからだ。

強いチームに、そんな生ぬるい関係が必要なことだろうか？

「誰もお前に期待していない」と突き放したら大躍進

前述したように、私は南海のプレーイングマネジャー時代から楽天に至るまで、監督時代は一度たりとも選手と食事に行くことはなかった。

選手の仲人を引き受けたことも一度もない。グラウンド以外で親睦を深めるようなことはまったくしなかった。

理由は二つある。

一つは個人的に仲良くなると、監督が持つべき厳しさがゆるむからだ。「かわいがっているから多少打てなくてもいい」。仲良くなれば、こうした人情が働くのは当然のことだ。ならば、最初から互いの距離を近づける必要などない。むしろ近づくことで、いうべきことがいえない関係性を築いてしまうことになるわけだ。

たとえば、1995年オフ、ダイエーホークス（現・福岡ソフトバンクホークス）からヤクルトにトレードで入った田畑一也というピッチャーがいた。とても骨のある男だった。しかしトレードで気落ちし、反骨心がさびかけていた。

だから、あえて「お前は二軍の四番とトレードした。誰も期待なんかしてないぞ」と突き放したわけだ。

反発した。田畑はそれをバネにした。初年度に12勝、翌年には15勝をあげ、リーグ優勝の立役者のひとりとなった。

こんな言葉は、なあなあの関係の中ではなれ合いの冗談としか取られないだろう。プロ同士のヒリヒリとした真剣な関係性があるからこそ、叱咤激励《しったげきれい》として機能するのだ。

もう一つの理由は、私の経験が大きい。

南海で選手をしていた頃、私以外の選手、とくに六大学の出身者は当時の鶴岡監督によく食事に誘われていた。

普通、選手はネクタイを締めて球場に来ない。ところが、ある日、鈴木孝雄という控えキャッチャーがネクタイ姿で現れた。「どうしたんだ？」とひやかすと、「じつは監督に招待されて……」という。

なるほどそうか、と感づいた。気がつけば、私以外の選手がみなネクタイ姿のことも。監督に招かれてメシを食いに行っていた。私だけ、のけものだったわけだ。

はらわたが煮えくり返った。監督に好かれたい。選手ならそう思うのは当然だ。しかし私だけは無視されていたのだ。

そのときに決めた。

自分が上に立ったら、ひいきはしない。グラウンド以外で特定の選手とつきあい、他の選手の気持ちを揺らし、チームの和を乱すようなことは一切しない、と。

結局、ボヤキばかりの嫌われた監督人生となったが、微塵《みじん》の後悔もない。

ただ、そんな選手たちとの交流を避けた私だが、楽天の監督を辞める最終戦は忘れられない。

日ハムとの戦いを終えたあと、自軍の楽天選手たちはもちろん、日本ハムの選手たちも一緒になって私を胴上げしてくれたからだ。日ハムの梨田昌孝監督が音頭を取ってくれたようだった。

両軍に胴上げされた監督など、後にも先にもいなかったと思う。

感無量だった。

野球界に何かしらを残したという実感を、あのときばかりは感じた。嫌われることを厭わず、仕事に真摯に向かってきたことが報われた気がした。そんな達成感は、仲良しごっこや上辺だけの接待では得られないだろう。

ただ、そんな処世ベタだから、私はいまの時代、まったく現場復帰の声がかからなくなったのかもしれない（苦笑）。

第3章

人を生かすも殺すも言葉の力

——一流と二流とを分けるプラス1%の仕事術

法則
12

目標は口にしない

▼
〝自分のため〟に頑張るようでは
一流になれない

ライバルと書いて〝目標〟と読む

具体的な目標を持つ人間は強い。

「ああなりたい」「これをクリアしたい」――そんな目指すべき指標が具体的にあれば、力を振り絞る大きな動機づけになるからだ。

ちなみに、いまの私の目標はピンピンコロリ。周囲に迷惑をかけずにポックリ死ぬことだ。

ただ、現役時代は誰よりも強く目標を胸に抱いてバットを握り、マスクをつけていた。

南海に入団して間もない頃は「一刻も早く成功して田舎の母親をラクにさせてやりたい」という一心だった。他の誰よりもうまくなればレギュラーになれる。だから人の3倍は練習しよう、と決め、ガムシャラに頑張ることができた。

もっとも、いっぱしのレギュラーになったあとは、私の目標は別のものになっていた。

その一つが王。あの王貞治だった。

ライバルを言い換えると「目標」になると私は思う。「ヤツに勝ちたい」という思いは、強い動機づけになるのだ。

なぜ王だったのか？

理由は簡単だ。私が作った記録をいちいち王が破っていったからだ。

最大のライバルへの私らしい恩返し

忘れもしない１９６３年。私は52本のホームランを打ち、それまで12年間破られなかった51本の「年間最多本塁打記録」を塗り替えた。

「10年は抜かれないだろう」

そう思った翌年だった。王があっさり55本塁打を打ち、私の記録は忘れ去られた。

しかし、私はその後もホームランを打ち続けた。

そして１９６５年には「通算本塁打数歴代1位」になった。

ただ、これも１９７３年の8月に追いつかれる。気がつけば王は私に並ぶ５６３本を打っていた。だから「意地でも６００本は私が先に到達する！」と人知れず決意した。

しかし、私は体力的なピークを越えていたこともあって、どんどん王に離されていき、結局６００号は先を越された。

まったく、私の価値をとことん下げてくれたのが、王だ。

あまりに腹立たしかったので、その１９７３年以来、オールスターでの対戦時、私はキャッチャーとしてやり返してやったのだ。

私は王の攻略法を見抜いていた。

王のバッティングを見ていれば彼の苦手な配球がわかった。王は内角で追い込み、外角に落とすか、外角のボールゾーンからギリギリいっぱいに入るカーブを投げるのが有効だった。密かにそれを発見した私は、オールスターで実践したのだ。

だから私がマスクをかぶったとき、王は30打席連続でノーヒットだった。

セ・リーグのキャッチャーたちに「お前らが王をこんなふうに攻略していたら、私の記録は抜かれなかったんだぞ！」と、手本とともにイヤミを示してやったわけだ。

もっとも、私は王というライバルがいなければ、そこまでの記録、成績を残せなかったはずだ。同時代を生きた天才にライバル心を持ち、いつも横目で見ていたからこそ、私の負けじ魂を引き出してもらえたのだ。

〝目標〟を持っても口に出してはいけない

ただ、勘違いしてほしくないことが一つある。そんな〝個人的な目標〟は「心の中で思う」だけが正解だ、ということだ。

「今年の目標は？」

そう聞かれて、個人の成績や数字を口にする選手がいるが、あれは二流選手の証拠である。

野球はチームで勝利を目指す団体競技だ。いくらホームランを量産しても、あるいは、いくら三振を奪っても、「チームの勝利」に貢献できない選手に価値などない。「いや、私の成績がよければ、チームに貢献できるはずだ」という者もいるが、それは詭弁《きべん》だ。

〝個人〟を優先する人間は、局面局面で自分勝手なプレーをしてしまう。ランナーを確実に送るべき場面で力んだバッティングをして、チームのチャンスを潰すようなことをしてしまうのだ。

そもそも、公然と「私は個人の成績のために頑張る」と豪語する人間を「立派な目標だ。力を貸してやろう！」と周囲が本気で思うはずがない。勝手な目標は組織の和を乱し、勝負の足を引っ張ることになる。

「ライバルに勝つ」「個人の好成績を目指す」。大いに結構だが、それは〝胸に秘めて〟おくべきだ。あくまでチームの目標が第一。その結果として個人の成績がついてくる。

会社と社員の関係でも似たところがあるのではないだろうか。

だから私も実際は現役時代に「王がライバル」などと公言したことはない。引退後に、取材や講演で「世界の王を、もっとも抑えたのは野村だ」とさりげなく伝える活動をしているだけだ。

もっともっとこの事実を伝え続けるためにも、前言を撤回させてもらう。

まだまだポックリ逝くわけにはいかない。

法則
13

覚悟に勝る交渉術なし

▼人に強くなるたった一つの近道

交渉や処世術がとにかく苦手だった

日本のプロ野球の監督は、いまやオーナーや球団にゴマをする人間だけが就けるポストになってしまったようだ。とても実力や能力を買われて選ばれているとは思えない。

いま、監督を目指すような人間が磨くべき仕事術は、ゴマすりや処世術なのかもしれない。私は昔から、そうした交渉というか、処世術がまったくできない男だった。

もはやこの先、監督として声をかけられることはないだろう。

ただし、あえて私が伝えられる交渉術があるとしたら、「日々、己を磨く」ことのような気がする。

監督を引き受けるために出した条件とは？

「監督をやってもらえないか？」

30年ほど前、現役をやめて野球評論家をしていた頃、突然、ヤクルトの相馬球団社長から連絡があり、監督要請をしてくれたことはすでに書いた。

南海から西武まで一貫して現役をパ・リーグで過ごし、セ・リーグには縁もゆかりもなかった私にしてみると驚きだったが、相馬さんは続けた。

「野村さんの解説を聞き、サンケイスポーツの評論を読んで、『これぞ本物の野球だ！』と感銘を受けた。ぜひ、うちの選手に本物の野球を教えてやってほしい。そう思ってお願いに来たんです」

見ている人は見ている。

仕事は一生懸命やるもんだと、強く感じたものだ。

ただ、私はこのとき二つ返事で快諾したわけではなかった。

条件があった。

「3年欲しい」ということだ。監督が代わったからといって、当時のヤクルトのような弱小チームがガラリと変わることはない。1年目はまず畑を耕すことからしなければならない。2年目にようやくいいタネを撒いて、それを育てる。つまり、チームが花を咲かすのは、早くても3年後になるからだ。

わがままな頼みだ。しかし、相馬さんはいってくれた。「野村さんには悪いが、シロウ

トの私でも、監督を代えたからといってうちのようなチームがすぐに優勝できるようにな
ると は思っていません。急がず、ゆっくり選手を教育してやってください」と。
この言葉に支えられて、私はヤクルトを文字通りじっくりと畑を耕すように育てること
ができた。結果、3年目でリーグ優勝を果たした。
あのとき、「3年ください」と交渉しなければ、なしえなかっただろう。
もっとも、ワガママが受け入れられたのは、評論家として重ねてきた仕事の質。その評
価があってこそだ。大事な交渉事も、日々の仕事から地続きにつながっているのだ。目の
前の仕事に打ち込み、常に己を磨いておくことこそが、いざというときの交渉力になると
いうことだ。
また、そんな私を見出してくれた相馬さんは、優れた交渉力を持っていたのかもしれな
い。私が監督になった1年目、ヤクルトは前年と同じ5位。あとから聞いた話だが、「去
年と変わらないじゃないか」と他の役員からいろいろいわれたらしい。
しかし、「野村さんは必ずやる」「3年見てほしい」と周囲を説得し、交渉してくれた結
果が実ったのだ。覚悟に勝る交渉なし、なのだろう。

加えるなら、私は選手を指導するときは交渉事に似たようなことをしてきたところがある。

私は「非難」と「称賛」を使い分けて、選手の負けじ魂のようなものを引き出してきたのだ。

エースのやる気に火をつけた〝二枚舌〟作戦

たとえば、メジャーで活躍している岩隈久志。

楽天のエースだった岩隈に、監督の私はマスコミを通じて厳しい言葉を繰り返した。

「あれはガラスのエースだ」「100球肩だ」——。

しかし、私はあるとき岩隈を呼び出して、こうもいった。

「来シーズンの楽天のカギはお前だ。お前しかいないんだぞ」

じつのところ、もっとも信頼と期待を寄せていたのは岩隈であり、そのための叱咤激励が、厳しい言葉なのだということを伝えたかった。

言葉の力は大きい。

これを機に、岩隈は重ね上げられた非難の言葉も力に変えて、翌２００８年は最多勝、最優秀防御率、最高勝率などのタイトルやＭＶＰ、沢村賞などを次々に獲得。翌年はチームを初のクライマックスシリーズに導いた立役者のひとりとなってくれた。

配球と同じだ。

通り一遍倒の配球では、通じない。相手がどう考え、どう動くかを読み、次の球を決める。交渉に限らず、コミュニケーションとはそういうものではないだろうか。

法則
14

自己アピール上手になれ

▼ゴマすり上手になるな

言葉はその人を表す

オフシーズンになると、テレビのスポーツニュースなどに各球団の監督たちが登場して、シーズンを振り返るインタビューを受ける。この段になって初めて、「この監督は、こんな考え方をしていたのか」とわかることがよくあった。

シーズン中は彼らは戦術論や野球論を言葉として発しないからだ。

しかし、最近の監督連中は、オフになっても野球論を言葉にしない。それはつまり、野球哲学や思想がないからではないだろうか。

言葉は思想を表す。

監督なら、シーズン中から自らの頭の中にある戦略、戦術、野球哲学をどんどん口に出して注目を集めるべきだ。注目されれば、選手のやる気も引き出せる。それこそが曲がりなりにも上に立つ者がすべき自己アピールであるはずだ。

私が巨人〝口撃〟を繰り返した理由

たとえば、ヤクルトの監督時代、私はとにかく巨人軍、そして当時の監督だった長嶋を批判した。あれもいわば自己アピール、球団アピールだった。

セ・リーグは何かと巨人ばかりが注目される。スター選手の宝庫だ。

だから、私は相馬球団社長に最初に了解を得た。「巨人批判、長嶋批判をしますけれど、了承してもらえますか」と。ヤクルトファンはアンチ巨人が多いから、まずファンが喜ぶ。マスコミも一番人気がある巨人がネタなら喜んで取り上げると踏んだわけだ。

これが当たった。

何かにつけて巨人に対するイヤミ、あるいは長嶋采配についてボヤく私のコメントを、マスコミがやたら取り上げるようになった。

その結果、対巨人戦は日を追うごとに盛り上がり、選手も燃えてくれた。記者も野球ファンもおもしろがって万々歳だった。

……そう思ったが、本気になって怒った人間も少しばかりいたようだ。

長嶋家だ。ヤクルトに所属していた長島一茂は、練習中、私を見かけると、そっぽを向くようになった。スポーツキャスターの妹も私を見かけると「プイッ」だ。申し訳ない気持ちも多少はあったが、すべてはチームのためだった。

言葉で体で、自分をアピールせよ

一方で、現役時代はまず監督への自己アピールにも力を入れたものだ。

もちろん、ゴマすりや処世術ではない。

私のアピール法は、〝素振り〟だった。

テスト生としてぎりぎりでプロ野球選手になれた私は劣等感の塊。いつクビになるかわからない危機感から、いつも寮の庭で素振りに精を出していた。じつはこれが監督へのアピールにもなっていたのだ。

「素振りで頑張る自分」を監督に見せたいわけじゃない。何だと思うだろうか。

手、である。

入団2年目。まだ一軍に上がれなかったあるとき、二軍監督が練習中にわれわれ野手を集めていった。

「お前ら、手を見せろ！」

そして、並んだ先輩たちの手を次々と見ながら、二軍監督は嘆いた。

「なんや。揃いも揃って。女の子みたいなきれいな手をしやがって！」

そして、私の番だ。二軍監督の口から出た言葉は違った。

「おい。みんな、野村の手を見ろ！　お前はようバットを振ってるな。これぞプロの手だ」

毎晩毎晩、素振りをしていた私の手はマメだらけだった。一日や二日ではできない努力の証し。それを評価されたのだから、余計に頑張れた。

さらに私は素振りに力を入れ、マメの上にマメを作り、もう足の踵《かかと》よりも掌《てのひら》のほうが硬くなるほどだった。

もちろん素振りはバッティングの基本だ。自己アピールという形を借りて、私の打撃技術は向上していった。

言葉は思想を表す、といった。しかし、手は日々の努力を表したわけだ。

プロなら口でも手でも、すべてを使ってアピールすべきことはアピールしたほうがいい。

それができないというのは、怠惰なだけではない。自らの仕事について何も考えていない、何の努力もしていないことの裏返しなのだ。

法則
15

いいリーダーほど言葉を大切にする

▼理にかなった言葉を獲得する努力を怠らない

いかに「聞く耳」を持たせるか

どんな会社でも、会議やミーティングが毎日のようにあるはずだ。しかし、野球の世界で会議といえば、ドラフト会議くらいなものだ。あとはキャンプの合宿や試合前のミーティングはあるが、じつはこれが監督たちの頭を悩ませる。

野球選手は、たいていが勉強嫌いばかり。人の話を聞く、という基本的な態度ができていない人間が多いからだ。

それだけに、「いかに聞く耳を持たない連中の耳を開かせるか」ということに私は人一倍気を使った。単純なことだ。メモを取らせたのだ。

選手が必死に聞き出すミーティング

監督時代、私がミーティングでことあるごとに話したのは、煎じ詰めれば「無形の力を養え！」ということだった。

ヤクルト、阪神、楽天……と、私が請け負ったのは、才能と力にあふれたチームというよりも、他球団より劣った弱いチームだ。

打力や走力、球の速さなど〝目に見える力〟では勝ち目がないし、伸びしろも少ない。しかし、配球や駆け引き、相手チームのデータ分析、さらには敵の心理を読んだうえでの戦術といった〝形のないもの〟を感じ取る力は、あとからでも養える。努力でいくらでも磨けるからだ。

裏を返せば、こうした「無形の力」は自ら学び、磨くことが欠かせないということだ。

そこで選手たちに、ミーティングで配球や打者、投手の心理などについて伝えるわけだが、普段から本も読まないような人間ばかりだから、ただ話しただけでは覚えてくれないだろうと考えた。

そこで、ホワイトボードに書いたことを「メモに取れ」と伝えたのだ。また、メモを取らないと内容についていけない仕組みも取り入れた。

仕組みとはこうだ。ホワイトボードを両面使う。私が要点を書く。それを選手がノートに書き写す。表面がいっぱいになるとスタッフがボードをクルリと回す。次は裏面だ。その間にスタッフが表面に書かれた文字を消す。いっぱいになると、またクルリと回す――。

約1時間のミーティングに出た選手は、メモを取り続けざるをえないわけだ。小学校の〝漢字練習〟と一緒だ。私がいうことをただ一方的に聞き流すのではなく、手を動かすことで記憶に残す。こうしてミーティングの内容を覚えさせたわけだ。

じつは、こうしたメモの「効用」を確信したのは、阪神の監督になってからだった。ヤクルト時代、メモを取るのにヒイヒイいっていた選手たちの苦労を察し、阪神では事前に要点をプリントに印刷して配ってミーティングを開いた。すると選手たちが、私でもホワイトボードでもない別のものを見始めた。

〝腕時計〟だった。早く終わってほしい、ということだ。

きれいにまとまったプリントを事前に渡せば、より理解が深まるだろう、と考えたが、逆だった。きれいなプリントはわかったような気になるだけで、「それなら話を聞かなくていいだろう」と感じさせてしまう。聞く耳ではなく、「聞かぬ耳」を育ててしまったのだ。

私があえて若手にばかり質問した狙い

ミーティングでは、野球とは直接関係のない話もした。「人間とは何か」「プロとは何か」

「生きるとは何か」――。

こうした哲学めいたことを考えさせることで、〝人として〟〝社会人として〟の力が伸びる。野球人もひとりの社会人だ。人としての成長がなければ、野球選手としても成長しない。それに選手生命を終えたとき、他の世界で通用しない人間にはなってほしくなかったからだ。

だから、「論語」や「孫子の兵法」など、古今東西の世の中の原理原則が書かれたような本の一節を交え、よく選手たちに伝えたものだ。

もちろん、これも一方的に口にするだけでは意味がない。そこで使ったのが「問いかけ」だった。

「おい、人間とは何や？」

「生きる、という意味を答えてみい」

すぐさま答えられる選手などいない。いままで考えたこともない問いだったからだ。しかし、こうして問いかければ考えざるをえなくなる。ひとりに問いかければ、自然と周りも考え始める。それが狙いだった。

ただし、気をつけるべきコツがある。

こうした問いかけの相手に、レギュラーやベテランを選ばないことだ。

なぜか？　恥をかかせることになるからだ。

チームを引っ張るべき彼らが、もし「わかりません」「考えていません」などと答えたが最後、周囲は「なんだ、そんなものか」と見くびる。「知らなくて当然だ」と甘える。答えられなかった当人もプライドを傷つけられ、やる気を削《そ》ぐことになる。これもまた「耳を開かせる」こととは逆の効果が生まれるわけだ。

だから、問いかける相手は若手だけにした。彼らは「わかりません」「考えたことないです」といっても支障がない年代だ。若いから仕方がないし、むしろ知らないことを認識した結果、学ぼうという意欲にもつながる。そのじつ、そんな若手の姿を見ながら、ホッとしているベテランは、心の奥底で「考えないことは恥だ」「もっと見識を広げなければ」と自ら知識欲を高め始める。

じつにシンプルだが、人間とはそういうものなのだ。

法則
16

「ひらめき」は地道な作業の先に生まれる

▼行き詰まりを抜け出す考え方

奇策は思いつきからは生まれない

「よくそんな奇策がひらめきますね」

監督時代、〝知将〟などといわれた私は、記者にそんな質問をされたことがある。なるほど。ひらめきというと、直感的な思いつきや、突然アイデアが降ってくるようなものと考えているのだな、と気づいた。

しかし、違う。ひらめきとは、それまで蓄積した知恵が必要なタイミングであふれ出たものなのだ。

つまり、奇策がよくひらめいていたのだとしたら、それは誰よりも野球のことを考え、知識を増やし、知恵を絞った結果でしかない。

「あのピッチャーのクセはなんだろう?」

「あのバッターを攻略するにはどうすればいいか?」

暇さえあれば、そんなことばかり考えていた。四六時中、野球のことばかり。運転中もそんな調子だから、赤信号なのにアクセルを踏みそうになったことも一度や二度ではなかった。得意の奇策、ギャンブルスタート並みの危うさだった。

しかし、こうして考え続けていると、ひらめく。

「あ、あいつはシュートを投げるときに、必ず手元がこう変わるな」

「そうか、あいつは内角のほうが苦手かも」

といった具合だ。考えたあとで観察すると、ふといい作戦が浮かぶことがあるのだ。

だから、私は常に野球のことを考えていたし、ＩＤ野球といわれたように、敵も味方も過去のデータを徹底的に集めたわけだ。

ビジネスの世界でも、いままでのやり方が行き詰まっていると聞く。だからこそ、「ひらめき」から生まれる革新的な技術やアイデアがより強く求められているのかもしれない。

けれども、ひらめきは一つひとつ石を積み上げていくような地道な作業の先にしかない。そのことを忘れないでほしい。

心理戦で優位に立つために……

もっとも、奇策は相手チームにはいかにも「ひらめき」のように見せておくことも肝要だ。

「データに裏打ちされた戦略的なチーム」よりも、「わけのわからないことをしてくるチーム」と思わせたほうが、相手の警戒心が強まるからだ。

そうすると、常に「何か奇策があるのでは？」と勝手に深読みしたり、不安になってくれる。精神的にもこちらが優位に立てるわけだ。

事実、何も考えていないときでも、「ノムさんのことだから、何をやってくるかわからない」といわれたものだ。人はミステリアスに思われたほうが、相手にとって怖いものなのだ。

ミステリアスで思い出したが、現役の頃、１９６３年オフに航空会社にヨーロッパ旅行に招待されたことがあった。メンバーは、セ・リーグは王と長嶋、パ・リーグは私と稲尾の４人だった。

国内で一緒に旅行など考えられない貴重なメンバーだ。しかも、海外となれば羽根を伸ばせた。毎晩のようにナイトクラブに行った。

旅行中、私は1人の美しい女性に声をかけた。一日、2人だけで出掛けた。ホテルで待ち合わせ、街を歩いて、食事を楽しんだ。

東洋から来た野球選手が「ミステリアス」だったのだろう。やたらと惚れ込まれた。言葉なんて通じなかった。しかし、何かが通じ合えたのだろう。ローマを発《た》つときは空港まで来て、取材陣がいるのに「キスミー」とせがむので大変だった。いま頃、どこで何しているのか……。

失礼。ひらめきの話をしていたつもりだったが、ときめきの話になってしまった（苦笑）。

第4章

最後に勝ちを拾う“逃げ方”のセオリー

――強者を相手にするならバカ正直に戦わない

法則
17

運には引き寄せ方がある

▼幸運・不運を分ける正体

私は〝運〟を大切にしてきた

今年で、83歳になる。

現役を引退してからすでに37年、監督をやめてからもう8年以上経った。

それでもいまだにプロ野球の解説や、この本のように野球にまつわる何かしらの言葉を求められ、話したり、書かせたりしてもらっている。

この年になるまで野球で飯を食わせてもらえるとは「運がいい」としかいいようがない。

実際、私は〝運〟というものをことさら意識して生きてきた。

たとえば「ゲン担《かつ》ぎ」。現役時代、私は連敗すると球場入りするコースを変えていた。いつもの道順ではなく、違う道で車を走らせ、流れを変えた。

下着もだ。試合に勝った日は、そのツキが逃げないようにパンツを替えなかった。ただ、5連勝もすると、さすがに臭《にお》ってきて困った。

こうしたゲン担ぎに効果があったのかどうかはわからない。

しかし、運は自らたぐり寄せられる。ずっとそう思って生きてきた。

運と不運は紙一重

小さな広告だった。

高3のとき、（自分が配達していた）新聞の片隅に「南海ホークス新人募集」とあった。飛びついたよ。三百人以上が受け、私は何とか引っかかった。

もちろん、そこからレギュラーを取るのも大変だ。ただ、当時の一軍の正捕手だった松井淳さんはもう30代。しかもバッティングが苦手だった。同じキャッチャーだった私は、勝機アリ、と考えた。

ところが2年目に二軍の監督に「お前は今年からファーストだ」といわれた。「野村は肩が弱いから、ランナーを刺すキャッチャーとしては使い物にならん」というわけだ。

しかし、ファーストとなると一軍には飯田徳治さんという不動の四番打者がいた。こんな相手とレギュラー争いをしても勝てるはずがなかった。そこで私は肩を強くしようと努力を続けた。「遠投」だ。

ただ、いくら遠投の練習をしても距離は伸びないばかりか、真っすぐ投げているのに奇妙に変化してしまう。「やはり肩は天性か……」とあきらめかけていたある日、一軍の外野手だった堀井数男さんに「キャッチボールにつきあえ」と声をかけられた。

相手は一軍のレギュラー。「堀井さんの胸元にしっかり返さなくては」と思えば思うほど緊張して体が力み、ボールが曲がってしまった。

「お前、どんな握りしとるんや」

呆れ顔でいわれて、握り方を見せると、堀井さんはいった。

「アホか。プロのくせに握り方も知らんのか。そうじゃない」

子どもの頃からのクセで、人差し指と中指をボールの縫い目に縦に沿わせて握ってい
た。しかし、それはいまでいうツーシームの握り方。いま思えば真っすぐ投げても変化するのは当然だった。そこで教わった通りに縫い目に指がかかるように握り直した。フォーシームの握り方だ。すると驚くほど球が真っすぐ走った――。

キャッチャーでレギュラーになる！　その信念を貫いて苦労した結果、運よく学びの機会を得た。いわば運を引き寄せたわけだ。

その後、私は二軍監督に直訴した。「もう一度キャッチャーに戻してください！」と。そしてホームベースの後ろから「グーン」とセカンドまで一直線に伸びる返球をしてアピールした。こうしてすべてが変わった。

運を引き寄せるいちばん確実な方法

3年目の春だ。南海は前シーズンに優勝し、褒賞も兼ねてハワイへキャンプに行った。キャッチャーができることを証明し、二軍である程度実績を残せた私もブルペンキャッチャーとして帯同できたわけだ。

ただ、このハワイで先輩たちは夜な夜な遊びほうけていた。一方、カネがない私はホテルでひとり、素振りばかりしていた。それがよかった。

当時控えのキャッチャーだった小辻英雄さんが遊びまくっていることに鶴岡監督がある日、激怒した。そして「野村、明日の練習試合は小辻の代わりに出ろ！」と声がかかった。望むところだった。私は毎晩、〝準備〟をしていたからだ。

幸運が重なったのは、相手のハワイのチームが日本の二軍以下のレベルだったことだ。

私はカンカンとホームランを連発して、10試合全勝の立役者となった。

この活躍が評価され、帰国後監督に「ハワイキャンプは大失敗だった。ただ一つよかったことは、野村に使えるメドが立ったことだ」と認められたわけだ。

こうして私は3年目からレギュラーを獲得した。

もし、ファーストへのコンバートを受け入れていたらレギュラーの座はなかっただろう。正しいボールの投げ方を教えてもらえなかったら、その年に辞めていたかもしれない。ハワイで先輩と同じように遊んでいたら、試合に出るチャンスも得られなかったはずだ。

すべて紙一重。運がもたらした結果である。

ただし、その運は、すべて〝準備を怠らなかった〟から引き寄せられたとも思っている。

いつかチャンスが来るから、と信じて練習を続ける。準備さえできていれば、突然、目の前に現れるチャンスを逃がさずにつかめる。努力なき者はこれができない。それこそが運の正体だろう。「私は運が悪い」と運のせいにして逃げるのは簡単だ。しかし、不運には必ず原因があることを覚えておいたほうがいい。

「常に備えよ」というのはそういうことだ。

法則
18

〝番狂わせを起こす〝負け方〟

▼すべてに勝とうとしないから
勝負強くなれる

勝つコツは〝すべて勝とうとしない〟こと

野球は「意外性のスポーツ」だ。だから弱者が強者を倒す、番狂わせが大いにありうる世界である。

もちろん、それは他のビジネスや政治の世界でも当てはまることだろう。番狂わせといわれるような結果は、ただがむしゃらに邁進《まいしん》していて起こせるものではない。たとえば私の監督経験の中でも、「あれはまさに番狂わせだった」と思う試合がある。

1973年、南海のプレーイングマネジャーとして臨んだパ・リーグのプレーオフだ。どんな采配をしたか？　試合を捨てたのだ。

「負け試合」にこそ意味がある

当時、パ・リーグは前期・後期の2シーズン制だった。南海は前期に幸運にも優勝。しかし、そもそもが弱小チームなので、後期はやっと3位という有り様だった。その証拠に、後期優勝の阪急ブレーブスには13戦して12敗1分。つまり、1勝もできなかった。

だから、新聞もファンも「阪急の圧勝」を予想していた。戦力差も歴然だった。たとえば阪急には山田久志や米田哲也などいい投手が揃っていた。しかし、南海はエースの江本孟紀《たけのり》はいたが、あとは小粒な投手陣だった。

それでもプレーオフは短期決戦だ。先に3勝（最大5試合）したチームが日本シリーズに勝ち上がる仕組み。相手より劣る戦力で、いかに巧みに戦うか。それが監督の腕の見せどころだった。

そこで、「すべてを勝ちにいかない」策を取ったわけだ。

初戦と第3戦、そして最後の第5戦は「確実に勝つ」試合として戦力を集中させた。具体的には江本をフル回転で使った。初戦と5戦目はストッパーとして、第3戦は先発完投させたのだ。

しかし、2、4戦目は江本は使わなかった。投げさせたい局面でも、体を休ませることを第一として温存した。言い方は悪いが、「捨て試合」としたわけだ。

結果は狙い通りだった。2、4戦は阪急に9点、13点も取られてボロ負けしたが、1、3、5戦は接戦で南海が勝ち切った。3勝2敗、日本シリーズ進出だ。

じつは功を奏したのは、江本の使い分けだけではなかった。選手、コーチ、スコアラーなど全員に「失点を防ぐことに集中しよう」と伝え、阪急の打者のデータを集めて、徹底的に分析して、共有したことだ。

中でも大事だったのは〝先手必勝〟を実践したこと。たいていの弱いチームは気持ちまで弱い。初戦で負けると「やはり俺たちは弱いんだ」と腰が引け、ズルズルと連敗する。ただし、先に勝つとクルッと気持ちは反転する。「前評判ほど相手は強くない」と恐れが消え、「俺たちはいけるぞ！」と自信が芽生えるものだ。

敵にはこの逆の現象が起きる。見下していた相手に土をつけられ、「こんなはずはない」と焦り、「負けるわけにはいかない」と気負う。

実際、２勝２敗のタイで挑んだ最終戦での阪急の選手たちの顔面蒼白ぶりは気の毒なほどだった。負けるかもしれないというプレッシャーに押しつぶされていたのが、マスク越しにわかった。そのときに「勝ち」を確信した。こっちは互角に戦えている状況にベンチからのヤジも滑《なめ》らか。自然体で最終戦を戦えた。

与えられた戦力をやりくりして勝利をつかむのが、上に立つ者の仕事である。頭を使えば、少ない戦力でも、不利な戦いでも、必ずやりようはあるということだ。

敵を味方につける？　野球人生最大の番狂わせ

使えるものはすべて使う——。そんな意識も「番狂わせ」を呼び込む弱者の兵法だ。

私はそれを峰山《みねやま》高校野球部時代から実践してきた。

じつに弱い野球部だった。そのくせ練習で狭いグラウンドを占拠するから、あるとき「廃部にすべし」と職員会議で議題になった。プロの夢を持っていた私は、たまったものではなかった。

そこで目をつけたのは野球部廃部論者で、生徒指導部長だった清水義一《しみずよしかず》先生。私は一計を案じ、生徒会長選挙に立候補した。先生に近づくためだ。見事当選。「俺に入れろ」と脅迫じみた選挙活動も実った。

番狂わせはここからだ。清水先生には、小学生の息子が2人いた。この子たちに「日曜日に試合があるから来い。ベンチに入れてやる」と誘った。

ただし、条件を一つ出した。「必ずオヤジ（清水先生）も連れて来い」ということだ。

当日は親子３人でベンチ入り。当時、京都の片田舎は娯楽なんてないから、高校野球の練習試合でも、町民総出で応援に来た。「ワーワー」と大歓声だ。試合後、息子たちと一緒になって、先生はいった。

「野球ってすごいな。おもしろいな」

あとは仕上げだ。後日、「先生。野球部の顧問になってくれませんか」と。二つ返事でＯＫだった。廃部論者を、いつの間にか味方にしたわけだ。

「人が足りない」「カネがない」と、ないものばかり探していたら番狂わせなど起こせるはずがない。「何か使えるものはないか」と相手の弱みや隙を狙えばいい。

チャンスは必ずそこにある。

ちなみに清水先生は、何人かのプロ球団の監督に「うちに野村といういい選手がいる。見に来てほしい」と何通も手紙を書いてくれ、実際に南海の鶴岡監督が視察に来たこともあった。夢を潰そうとしていた人が、最後には誰より夢を後押ししてくれる恩人になったわけだ。

そういう意味でも、大きな大きな番狂わせだった。

法則
19

一芸あれば、他の道も開く

▼取るに足らない特技も一芸になりうる

一芸は誰でも持っている

一芸に秀でる――。

どの世界でも、プロとして生き残るためには、もっとも大事なことだと思う。野球でいうと「ホームラン打者」や「速球投手」が一芸の最たるものだろう。しかし、誰もがこうしたスーパーヒーローのような一芸でなくてもいい。

大塚徹という〝名〟選手の話をしよう。彼がもっとも光ったポジションは、内野でも外野でも、バッターボックスでもなかった。

ベンチだった。

数字には表せない名脇役の存在価値

南海で私がプレーイングマネジャーをしていた頃だ。

大塚は登録は外野手だったが、基本的にベンチが定席《じょうせき》。一軍登録はしていても、ほとんど起用されることはなかった。

そこでシーズンオフに、南海球団はこの大塚を解雇しようと整理選手のリストに入れた。すぐに私は球団社長に直談判したものだ。「やめてくれ。ベンチにいるだけで彼はかけがえのない戦力なんです！」と。

大塚の武器は「口」だった。

忘れられないのは、大量失点で負けていたある試合のときだ。打者は相手ピッチャーにやられっ放し。四番だった私もまったく打てなかった。誰もが意気消沈。ベンチ内は「お前のせいだ」と互いに非難するような重い空気になった。そこで、大塚のひと声が出た――。「な～んだ。監督ほどの高給取りが打てないんだから、僕らが打てないのは当然だあ。今日はもう気楽にやりましょうよ」

ガハハッ！　という笑いとともに、ガラリとベンチの雰囲気が変わった。まさにヒット以上に価値があるひと声だった。

野球なら「走る」「打つ」「守る」。ビジネスなら「売る」「作る」などだろうか。しかし、そんな王道の戦力だけが組織に必要なのではない。

たとえば、大塚のような口がバツグンにうまい人間、ユーモアを持つ人材だって、一芸に秀でるほどならば、必ず組織にとって替えが利かない戦力となる。

どんな職場でも同じだろう。主役だけじゃなく、名脇役がいてこそ物語は光り輝く。

〝一芸突破〟から名プレーヤーになった宮本

一芸に秀でた人間が、気づけば他の芸も身につけ、さらに一流のプロとして磨きをかける。そんなことも少なくない。

私がヤクルトの監督になった1年目。編成担当の人間に「いいショートを取ってほしい」と頼んだ。すると、「バッティングに目をつぶってくれるなら、います」という。ショートは守備の要だから、それでいいと返した。そして獲得したのが宮本慎也だった。

事実、守備は天下一品。ただバッティングは期待薄だ。だから私ははっきりいった。

「お前は『自衛隊』でいけ！」

守り専門ということだ。

ところが、宮本はバッティングでも開花した。6年目に3割を打ち、チャンスに強く、犠打もうまい。後に2000本安打も成し遂げたほどだ。しかも、大学から社会人を経由してプロ野球の世界に入った中での2000本安打はものすごい価値がある。

その偉業を果たせた一因は、宮本が一芸に秀でていたことにある。

一つを極めた人間にとっては、別の道でも「何を、どうやれば結果を残せるか」が見えやすくなる。一芸で得た「自分はデキる！」という自信が、別の道でも自分を磨くときの余裕となる。つまり、一芸があれば、他の道も開けるわけだ。

一芸を磨くのに年齢は関係ない

「そもそも自分には一芸といえるほどの技量がない……」

そう嘆く人もいそうだが、一芸を磨くのは小さなことでもかまわない。

ヤクルトに川崎憲次郎というピッチャーがいた。

もともとは先発投手の中心として活躍していたが、途中、ケガでダメになり、私が入った頃にはまったく勝てなかった。年齢もそろそろ中堅の域に達する頃だったのに、インコースにストレートとカーブを投げ込むような、ホームランバッターがよだれをたらして喜ぶようなピッチングを続けていた。事実、バカバカ打たれていた。

余談だが、ストレートとカーブで勝負するのは巨人の江川（卓）が作った悪習だ。江川ほど球威とコントロールがあればそれでいけるが、凡人のピッチングでは長距離打者の格好のカモになる。力の衰えた川崎では無理な話だったわけだ。

だから、私は川崎にいった。

たったひと言、「シュートを覚えろ」と。

彼は器用なところがあったから、必ずマスターできると思った。

しかし、最初は「シュートはヒジを痛める」と抵抗された。それでも説得してシュートを練習させ、決め球にさせた。

そして、フタをあければ98年は最多賞と沢村賞を受賞。

決め球を一つ持つピッチャーはバッターからすると怖い。決め球を警戒するあまり、他の大したことないボールにまで気が回らなくなる。逆に決め球以外のボールでも抑えられるようになるわけだ。

一芸に秀でることは、想像以上に多様なストロングポイントを作ることになる。これまで強みじゃなかったものまでも威力を増すことにつながるのだ。

法則
20

勝ちたかったらウソをつけ

▼人をやる気にさせるウソ、
ダメにするウソ

プロなら「ウソも方便」は当然

韓非子《かんぴし》の言葉に「戦陣の間には詐欺を厭《いと》わず」というものがある。勝負のためなら心にもないことを口にできる。そんな心持ちがなければ、弱者が強者に勝つことなどできない、ということだ。

プロなら、勝つためのウソというのは、当然使ってしかるべきだと思う。逆にいえば、頭でも体でもすべてを使って、偽ってでも勝とうとするのがプロなのだ。

そこで思い出すのが、オマリーという選手だ。

大ピンチを前にキャッチャー古田に伝えたひと言とは？

トーマス・オマリー。後にヤクルトの選手になったが、それ以前は阪神タイガースで首位打者になるなど大活躍した天敵だった。

１９９４年のことだ。阪神戦で同点の５回、二死ランナー三塁という状況でオマリーを迎えた。

ピッチャーは荒木大輔。当時、彼は不調で、オマリーは分が悪い相手だった。かといって、代わりのピッチャーもいない。どうするか——。迷った私はマウンドに歩いていった。二十数年も監督をしてきたが、試合中、マウンドまで行ったことは二、三度しかない。その貴重な一回がこのときだった。

マウンドに向かうと、キャッチャーの古田敦也も集まってきた。

そして私は古田にいった。

「ランナーのことなんて考えるなよ。勝負しろ、勝負」

それだけだった。〝策〟といえる言葉なんてそこにはないし、いらなかった。

そのときのオマリーは、外国人選手として6年連続3割という大記録を目指す、勢いあるバッターだ。うぬぼれもあっただろう。そこを狙った。

相手チームの監督がマウンドに行くことそのものが、策だ。

「相手バッテリーは相当に自分を恐れているのだろう。何か奇策を打つに違いない。では、野村は……いったい何を指示したんだ？」と疑い、警戒したはずだ。

しかし荒木は1球目、ど真ん中にストレートを投げた。「次か？」とオマリーに思わせた直後も外寄りのストライクゾーンに投球。「いよいよか？」とさらに疑心暗鬼になったオマリーの虚を突いて、荒木は3球目も真ん中勝負のストライクだ。

オマリーは見逃しの三振。すべて打ちごろのストライク。ポカンとした顔が忘れられない。

相手を欺《あざむ》くとき、直接ウソを伝えるのは正直すぎる人間のやることだ。

オマリーや阪神ベンチに聞こえるように「次で勝負だ！」「歩かせろ」と面と向かっていっても、1球は通じても次は対策を練られただろう。

ウソで選手が化けることも

勝負のうえで謀《はか》りごとをするときに肝心なのは、ウソの「内容」ではない。「誰に向けて、どのように伝えるのが効果的か」を考え抜いてから〝罠〟をそっと仕掛けることである。

誰に向けて、といえば、私は味方もよく欺いた。

社会人野球チームのシダックスの監督をしていたときのことだ。

後に巨人に入団する野間口貴彦というピッチャーがいた。

都市対抗野球の決勝戦。前日の準決勝が終わった時点で、記者の前で私は、「明日は野間口にすべてを任す」と公言した。半分はウソだった。他にピッチャーがいなかったから、消去法で「野間口に任すしかない」のが本音だった。

しかし、そんなものは監督が胸に秘めていればいい。

「お前を絶対に信じている」

「任せたぞ」

と伝えることで、選手に責任感と覚悟が芽生える。マスコミを通して、私はそれをした。味方を欺く狙いだったわけだ。

じつのところ、野間口はその準決勝で7回から調子を崩して打ち砕かれ、決勝戦は負けてしまった。

しかし、私は後悔していない。信頼の言葉をかけなかったら負けはもっと早く決まっていたと思えるほど、野間口はいいピッチングをしてくれたからだ。

ウソといえばそれまでだが、頭を使った駆け引き、詐欺師ともいえる声がけは、自軍には励ましや勇気づけの道具になることもある。

〝ウソが下手〟な正直人間は、部下や周囲を守《も》り立てるのが下手、ということなのかもしれない。

「こっちと思わせておいて、じつはあっち」

「ウソでも本当と信じ込ませる」

こんな謀略に私が長《た》けているのは、キャッチャーをしてきたおかげだろう。

「内角と思わせて外角」

「ストレートと思わせて変化球」

良し悪しはともかく、ずっとそんなことを考えながら野球を覚えてきた。

ひるがえって、いまの若い選手たちは、真正面からしか野球をしないように見える。スマートでストレートなゲームしか見られなくなった。

だからプロ野球はつまらなくなった。

ウソみたいに誰も野球を見なくなったのは、当然の結果かもしれない。

法則

21

不調のときほど汗をかけ

▼スランプから「復調する術」を知っておく

負けグセチームに共通すること

「弱い相手からは、必ず先に点を取れ」――。

南海で選手だった頃、鶴岡監督に徹底して叩き込まれた考え方がこれだった。

弱いチームは心が弱い。失点すると「また負けだ……」とすぐ心が折れる。だから先制点で出ばなをくじけば、いとも簡単に自ら調子を崩す、というわけだ。

監督になってからはそれをなおさら痛感した。ヤクルト、阪神、楽天と渡り歩いたが、すべて最下位チーム。先制点を取られたらすぐに意気消沈。本当に負け進むチームばかりだったからだ。

負けグセというものがある。何をやってもうまくいかない。することなすこと悪いほうに転がるスランプのことだ。

野球に限らず、どんな仕事にだって好調・不調の波はあるだろう。しかし、大事なのはそうしたスランプの状態から「復調する術」を知っていることなのだ。

スランプのときは〝逃げる〟のも手

バッターが不調になる原因で意外に多いのが、「ホームランへの欲求が出てきた」ときだ。

ジャストミートしたボールがスタンドに吸い込まれる。大歓声があふれる中、ダイヤモンドをゆうゆうと駆け抜ける――。

ホームランには打った者だけがわかる唯一無二の快感がある。それが、怖い。

ヤクルトに飯田哲也（現・福岡ソフトバンク二軍打撃コーチ）という選手がいた。

そもそも俊足が売りで、ヒットをコツコツと重ねるタイプの打者だった。

しかし、いったんホームランを打つと、途端に飯田は「大振りになる」クセがあった。

その結果、凡フライばかりを上げ、せっかくの足を生かせない、という不調によく見舞われていた。

問題はこうした不調に見舞われたとき、多くの選手が「技術」ばかりに目が向くことだ。

「フォームが悪いのでは？」と悩みすぎ、コーチや、時に記者にまで意見を求め始める。

そして迷い、ますますフォームが崩れ、さらに自信喪失……と悪循環に陥るのだ。違う。本来、不調に陥ったら、技術のみを振り返っては見誤る。３つの側面から原因を究明すべきなのだ。

１つは確かに「技術的な問題」だ。

飯田はこれだったが、先に述べた通り、人によっては不調になって思い悩みすぎ、本来のよいフォームを崩して、なお成績を下げるから気をつけたい。

２つ目は「相手が変化した」ことだ。

野球は相手があるスポーツ。「こいつはカーブが打てない」と敵に自分を研究されたら、当然成績が落ちる。自分のクセを覚えられたことを不調と勘違いすることも多いわけだ。

そして３つ目が「肉体疲労」だ。

この場合、技術を見直すことなどせず、たんに体を休ませるべきだ。

原因を見極めずに、何でも「技術的な問題だ」と思い、間違った策を取る。それこそが自ら不調を長引かせ、「負け」を慢性化しているともいえるわけだ。

原因を見つけにくいときはどうすればいいいか。簡単だ。逃げてしまうに限る。

スランプから抜け出す、たった一つの考え方

「不調になったら汗をかけ！」

昔の野球界には、そんな言葉があった。いかにも古くさい考え方だが、じつは一理ある。というのも、思い切り走って汗をかくと、それに没頭して配球やバッティングの不調などはさっぱり忘れられるからだ。

不調なときというのは、ムダに心が乱れ、冷静な判断ができなくなる。しかし、その根本的な原因である野球そのものから一度離れれば冷静になれるわけだ。

そういう意味では、酒を飲むことも仕事を忘れるという意味では薬となる。

私は酒を飲まないため、禅寺で護摩行《ごまぎょう》などをしたものだった。そうすると、不思議と気持ちが軽くなり、山を下りたときに新鮮な気持ちでまた野球に向き合えた。

つまるところ、不調というのは〝気〟の問題なのだろう。

私はその気を利用してスランプを脱出したことがある。

南海に入って4年目。私は3割打者となった。プロとして満足な結果だった。

ところが、5年目の打率は2割5分。6年目も似たようなもので、気がつけば打順も八番が定位置になった。

最初はあせった。打率で3割と2割5分では評価が大違いだからだ。

しかし、このとき「2割5分」という数字をズラしてみた。

「100本のうち25本をヒットにする」。それが2割5分だと捉え直したのだ。

そう考えると、3割は「100本のうち30本ヒットを打つこと」になる。

要するに、3割打者と2割5分打者の差は、わずか「5本」でしかない。

「たった5本か」と思えてこないだろうか。

こうして、まず気持ちを軽くしてから、私は昔読んだテッド・ウィリアムズの打撃論などを読み返した。もちろん自分のバッティングも見直した。「たった5本だ」と軽くなった頭と体に、あらためて打撃の基礎理論は素直に染み込んできた。

こうして8年目に、私は2割9分6厘にまで打率を戻すことに成功した――。

振り返れば、あれはスランプでも壁でもなく、自分を成長させる「節目」だったのだろう。不調をチャンス、スランプを節目と考え直せるような人間には、負けグセなどつかないということだ。逆にいえば「私はスランプだ」「負けグセがついている」などという人間は、言い訳をしているだけなのだろう。

こういう話をすると、私のペナントレースの順位予想がスランプ気味なのではないかと指摘してくる記者がいる。最近、外すことが多いからだ。しかし、それは大間違いだ。ただの「節目」である。

第5章

〝あきらめる〟ことでチャンスは広がる

――仕事・人生…「捨て方」「残し方」で変わる逆転の法則

法則
22

「野村再生工場」は〝あきらめる〟ことから始まる

▼いくつになっても自分を変えられるヒント

「あきらめる」ことの大きなメリット

「あきらめてはダメだ」

「あきらめたら、そこで試合終了だ」

何かとそんな根性論が、野球界に限らず日本には長くはびこっている。

一理あるかもしれない。

しかし、私にはどこか軍隊式の非論理的な思想にしか見えない。そもそも私は「あきらめる」ことにも大きなメリットがあると考えている。

あきらめることが「自分を変えるきっかけになる」からだ。

野村再生工場が生まれるきっかけ

世間的には〝終わった〟と見られていた選手たちを再び活躍させたことで、私は「野村再生工場」といわれてきた。

その始まりは、南海時代に巨人から移籍してきた山内新一と松原明夫（後に福士《ふくし》敬章《ひろあき》）

という二人のピッチャーを再生したことだった。

そもそも巨人にいた選手。どちらも実力は保証済みだった。ただ、2人ともかつてより球威は落ち、力のある速球は投げられなくなっていた。

ところが、投手は速球にこだわるものだ。しかし体がついてこないから力むだけになり、コントロールまで悪くなる。とくに山内はその傾向があった。

だから、私はその「速球への思い」をあきらめさせた。

南海の練習に参加した2人に私がまずさせたのは、「バッティングキャッチャー」だった。バッティングピッチャーに100キロほどの遅い球を投げさせ、打者の後ろでそれを捕らせた。

すると、気づく。ゆるいバッティングピッチャーの球でも、投げるべきコースにバシッと投げ込めば四番打者でも封じられる。コントロールさえあれば、球は遅くても十二分に戦える。普段見ることのないキャッチャーの立場から、その現実をまざまざと認識させた。体に教え込ませたのだ。

「もうダメだ」と思ったときが最大のチャンス

短期決戦でもそうだが、何ごとも〝初戦〟が大切。最初が肝心なものだ。山内も松原もここで変わった。速球へのこだわりを「あきらめた」のだ。コントロールを意識して、フォームのバランスを重視するようになった。自然とコントロールは冴えを見せた。

あとはキャッチャー次第である、私のリードで何とかなる。そんな自信もあった。

実際、どうなったか。

山内は南海1年目で20勝。松原も7勝を挙げてパ・リーグ優勝の立役者となった。とくに山内には日本シリーズ進出をかけた大事なプレーオフ第5戦の先発を任せた。

「もうダメだ」

「あきらめよう」

いま、そんな思いを抱いている人がいるようなら、彼らのことを思い出してほしい。あきらめたときは変わるチャンス。這い上がるタイミングなのだ。

法則
23

仕事はいくらでもあるけれど、この女性は世界にひとりしかいない

▼男女関係は勝負と似ている

私が世の中でもっとも苦手なもの

私は「野村－野球＝０」を公言し続けてきた。サインボールにはいまも「生涯一捕手」と書くほどの男だ。

要するに、野球に関わる理屈なら、どんな内容でもそれなりに話せる自負はある。しかし、それ以外のことになると自信のないことばかりである。

とくに苦手なものが「女性」だ。

あれは南海に入団する直前のことだった。

高校の先生に連れられて、大阪の「よく当たる」と噂だった占い師に占ってもらったことがあった。

「あなたの名前はイマイチだが、生年月日と生まれた時間が最高によい。野球選手としてうまくいくはず。ただし……」と続けて、その占い師にこういわれた。

「あなたは女性で必ず失敗する！」

50年以上経って、いま思い返すと、大当たりだ。

もともと夜の街に繰り出して女遊びするタイプじゃなかった。

その分、試合後は合宿所で素振りと筋トレを欠かさなかった。日米野球で向こうの選手との体格とパワーの差を見せつけられてからはなおさらだった。

「野村、素振りで一流になるなら、みんな一流になってるぞ。この世界は才能だ。お前もはよ着替えい。きれいなネエちゃんのいるところに飲みに行くぞ！」

先輩にそういわれたが、もともより若い頃はカネもなかったし、やはり女性より野球に気が向いていた。

一軍に定着してからは少しは行ったが、やはり女性はこちらから避けてきた。

第一印象は「こんな女性がいるのか……」

だから、前妻ともじつは寝室は別々だった。

というのも、毎晩〝その気〟になってしまうと、体力を消耗する。野球に支障をきたすと考えた。それくらい野球第一だったのだ。

しかし、それが遠因で前妻に裏切られた。

社交ダンスの先生と、シーズン中にホテルに出入りされていたのだ。

占いの当たり、その1だった。

そして離婚調停でゴタゴタし始めた頃だ。沙知代と出会った。

「こんな女性がいるのか……」

それが最初の印象だった。

当時、東京に試合に行くと、後楽園球場に行く前に青山の「皇家飯店」という中華料理店で食事をするのが私の定番だった。ここのフカヒレそばがじつにうまかった。

ある日、そばをすすっていると現れたのが、沙知代だった。

自分の選択に間違いはなかった！

店のママと友人らしく、「お腹すいた」といいながら入ってきた。

そして紹介されたのだが、彼女の名刺には「取締役社長・伊東沙知代」と刷ってあって、まず度肝を抜かれた。しかもしゃべると頭の回転が速い。英語もペラペラと話していた。

「私にないものをたくさん持っている。こんな女性なら引っ張ってもらえるに違いない」

と魅かれた。

私は野球ではキャッチャーでピッチャーをリードする立場だったが、プライベートではリードしてもらいたかったところがあった。

ただし、沙知代は野球をまったく知らず、当時小学生だった彼女の息子（ダン野村）に電話し始めた。「野球の野村さんって知ってる？」と聞くと、「すごい人だよ！」とダンは答えたらしい。

席に戻った沙知代の態度が、ついさっきとまったく変わった。

こうして付き合うようになったが、まだ私は正式に前妻と離婚していなかった。だから、世間にバレて強烈に叩かれた。

当時、南海でプレーイングマネジャーをしていたのだが、球団に呼び出されて、

「野球と女性のどちらを取るのか」

と迫られた。そのとき、私はいった。

「仕事はいくらでもあるけれど、伊東沙知代という女は世界にひとりしかいない」

それで南海をクビになった。しかし結果として、その後の人生をうまくリードしてくれ

たのは、間違いなく彼女だった。

解任後、悩んでいた私に「なんとかなるわよ」と豪胆に勇気づけてくれた。その後、野球評論家の話が来たときに、評論家の草柳大蔵さんを紹介してくれたのも沙知代だった。草柳さんの教えに従って野球評論を続けていたことが縁で、ヤクルトの監督に抜擢されて、またプロ野球の現場に戻ってこられたことは前述した通りだ。

男女関係は勝負と似ている。敵を知り、己を知って落とし、落とされる……。だから女性を味方にするためには、相手をよくよく観察して洞察することから始まるのだろう。まあ、最終的に私はリードされる以上に、仕事もカネも含め、完全なる沙知代監督の「支配下選手」になっていたが。

そんな彼女がいなくなった。

いまだから本当のことをいえる。あの占い師は間違っていた。

私は野村沙知代というかけがえのない女性と出会えた。それは紛れもない成功だった。

法則
24

人生には「3人の友」がいればいい

▼原理原則を教えてくれる友、人生の師となる友、直言してくれる友

プロ野球でたったひとりの「友」

プロ野球で戦ってきた同世代の選手たちが、どんどん亡くなっている。やはり寂しいものだ。

中でももっともこたえたのは、杉浦忠が逝ったときだった。

南海時代、入団年こそ違えど私と同じ年の杉浦は、立教大の看板選手のひとりだった。ちなみに立教のもう一枚の看板は、あの長嶋だ。鳴り物入りで南海に入った杉浦は、すぐにエースになった。

スケールが違った。

アンダースローから放たれる杉浦のストレートは、バッターの手先に届く直前でピュッと浮き上がる。カーブも独特だ。「ボール球だ……」と見逃そうとすると、ギュッと鋭い角度で突然曲がる。

この二つの球種だけでも杉浦はバッタバッタと打者を打ち取った。バッテリーを組んだ私もうなるほどだった。

振り返れば、私が現役時代に直接ボールを受け、また監督になってから起用してきた中で、ピッチャーとしてもっとも優れていたのは、杉浦だと断言できる。

もっとも、「名投手」だったから杉浦の死がつらかったわけではない。

杉浦が私にとって数少ない「友」と呼べる存在だったからだ。

2人で続けた夜の反省会

杉浦はじつのところ、エースらしくないエースだった。

プロの投手は「俺が俺が」と我《が》の強い、お山の大将のような人間がほとんどだ。それほどの負けん気がなければ、勝負のプレッシャーに打ち勝てないのかもしれない。

ところが杉浦は違った。

冷静沈着で、謙虚なタイプ。

いってしまえば私と同じ、キャッチャータイプだった。

だから気が合ったのだろう。前に述べた通り、私は試合後に常に1球1球の配球を振り返ることを自らに課していた。

「あそこで変化球を投げさせなかったのは間違いだったのではないか……」「なぜ、すぐに内角を攻めなかったのか……」。とくに悲観的な私は、そうした反省ばかりしていた。

遠征で同じ部屋になることが多かった杉浦は、必ずこういってくれた。

「いや、あそこはストレートで攻めて正解だった」

「俺たちのミスではなく、相手がうまく打っただけだよ」

いったいどちらが女房役なのか、という感じだった。

こうした優しい言葉が、負けた夜には染みた。

同時に、「じゃあ、次はどうする？」と一緒に次の策を練るのも恒例だった。

同じ勝負の現場にいる者同士で、こうした話を突き詰められるのは貴重だった。だから毎晩、野球談義に花を咲かせ、そのまま女性談議にまで話が進み、勢いで夜の街に繰り出すことも多々あったかな。

ともに戦った戦友――。

そんな関係を築けた杉浦は私にとって何ものにも代えがたい存在だった。裏を返せば、プロの世界で「友」と呼べるほどの関係になったのは、杉浦だけだったのだ。

たとえば、王や長嶋、稲尾など同世代の彼らは、友というよりライバルだ。プレーイングマネジャーになってからは、ひいきと取られることを避け、湿った付き合いをしてこなかった。

〃お友達〃ばかりでは強いチームは作れない

自分を慰め、寄り添ってくれるような友は、1人いれば十分なのかもしれない。あとは互いを切磋琢磨できる、しのぎを削り合うような友のほうが自分を伸ばしてくれる気がする。

ともあれ、いまのプロ野球の現場はなれ合いの友達ばかりになっているように見える。監督が代わると、コーチに同級生をずらりと揃える「お友達組閣」ばかり。それが理にかなった人選なら構わない。しかし、たんに気心が知れているから、という理由で集めたコーチングスタッフで、強いチームなど作れるわけがない。

何より「仲がいいか悪いか」で人選するような組織に属する者は、能力よりも処世術を磨くようになる。仕事ができる人間より、おべっかがうまい人間が重用されるようになるからだ。

いま、プロ野球の質が低下しているのは、そんな〝お友達〟化したグループを作っていることが大きな理由の一つなのではないだろうか。

法則
25

成果を出し続けるモチベーションは「感謝」

▼「人に支えられている」と思える人間が結局、結果を残す

45歳まで現役を続けられた一番の理由

イチローが、メジャー最年長の選手になった。もう彼も44歳だ。私もくたびれるはずだ。

私の現役生活は27年だった。45歳まで現役としてバッターボックスに立ち続けた。

人から聞いたのだが、プロ野球選手で１９５０年代、60年代、70年代、80年代と四つの年代でオールスターに出たことがある人間は、私以外にいないらしい。

「１年でも長く、ただただ現役を続けたい――」

私はいつもそう思いながらバットを振り、ボールを受けていた。

当時、他の誰よりも私は現役にこだわっていたと思う。

それはつまるところ、周囲への感謝の気持ちが強かったからだと思っている。

ここ一番の勝負どころに強い人の共通点

「誰かに支えられて生きている」

野球エリートではなかっただけに、私には常にそうした意識が野球をしている間、ずっとあった。

チームメイト。コーチや裏方のスタッフ。応援してくれるファン……。

「大勢の人が自分を支えてくれている」と認識していると、粘りが違ってきた。ここ一番の勝負どころで、もうひと踏ん張りできる。自分の名誉や成績だけしか見ていない人間は、このひと踏ん張りが出ない。逆に気負って空回りする。

たとえば、私は現役時代、657本のホームランを打った。

それなりの個人記録だ。

しかし、ホームランを狙って重ねてきた数字ではない。「俺が俺が」とホームランを狙って打席に立つと、バッターというのは必ず力み、読みもフォームもおかしくなるものだ。

チームのため、勝利のために「確実にヒットを打とう」と考えるから、全神経をピッチャーの投げる球に集中できた。ムダに力むことなくバットを振れた。

それがホームランにつながり、結果的にチームに勝利を引き寄せたのだと感じている。

「個の成績がチームに対する貢献になる」という考え方がある。逆だ。「チームの勝利を目指しておのおのが取り組んだ結果が、個の成績になる」のだ。

だから、監督になってからも、私は選手たちに「チームのために戦え」「他人への感謝の気持ちを忘れるな」と常にいってきた。

この二つは同じ意味だ。力を出し切り、成果を出し続けるためのモチベーションの火を灯《とも》し続けろということだ。

多くの仕事が同じだと思う。自分のことだけを考えて仕事をする者は長く続かない。人ひとりの力は、それほど強くない。

私が「引退」を決意したきっかけ

実際、私が45歳で引退した理由は、まさにそんな「チームのため」という意識をなくしてしまったからだった。

忘れもしない、１９８０年9月28日。西武ライオンズの一員として、私は阪急戦を戦っていた。

8回。ランナー一・三塁。１点差で負けていたが、犠牲フライでも同点という場面。次の打者は私だ。

「最低でも同点は任せておけ！」と意気揚々とバッターボックスに向かおうとしたら、「野村！　野村！」と根本（陸夫）監督に呼び止められた。

「何や。俺に打撃指導か？」と思ったら、「代わろうか」だ。

私に代わって、代打の鈴木葉留彦が打席に立った。

悔しかった。

そこまではいい。しかし、私は思ってしまった。

「この代打策……失敗しろ！」

頭の中で念じていた。

それが通じたのか、6－4－3のダブルプレーだった。心の中で、また思った。

「ざまあみやがれ！」

チームのため、誰かのために――。

そう思って続けてきた野球なのに、いつしか私は「自分のため」しか考えられない選手になっていた。どこかに若い選手に追い抜かれていく恐怖心があったのかもしれない。

いずれにしても、帰りのクルマのハンドルを握りながら、決めた。

「潮時だな」と。

翌日、監督室に直行。「今シーズンで辞めさせてもらいます」と伝えた。正直、少しは引き止められると思ったが、「ああ、そうか。長い間、ご苦労さまでした」と返された。

しかし、正解だったと思う。強いチームの特徴は、結束力や一体感が強いものだ。それは仲良しこよしという意味ではなく、一つひとつのプレーに盛り上がり、１勝するたびに「明日も勝とうぜ」と自律的に互いを鼓舞し始めるからだ。

一方で、弱いチームの選手ほど自分のことしか考えていない。チームより自分の成績のほうが大事だから、他人がどうであろうが関係ない。むしろ足を引っ張り合う。当然、それでは結果がついてこない。あのまま私がいたら、西武の足を引っ張っていたに違いない。

野球に限らず、自分ひとりでは何もできないことを常日頃から意識することだ。

周りの人たちに報いたい、貢献したい。そんな思いが自分ひとりでは湧き出ない大きな力を生み出してくれる。モチベーションなどという言葉を持ち出さずとも、「できるだけ長く……」と自然に思える気概と持続力を与えてくれるものなのだ。

法則
26

前へ進む

▼夢なんて言葉より大切なこと

夢はたいてい理想で終わる

「夢」という言葉が大嫌いだ。

理由は二つある。

まず星野仙一が、色紙にサインをするたびに〝夢〟という字を書いていたからだ。

これは冗談だが、もう一つの理由は本当だ。

それは、夢というものが、だいたい理想だけで終わるからだ。

「こうなりたい」

「ああしたい」

いくら願っても、実現させなければ何の意味もない。

夢などという言葉を使うから、「ダメでもともと」という心持ちになるのだ。

プロ野球選手になることが夢ではなかった

思い返せば、私が最初に見て、消え去った夢は、歌手になることだった。

美空ひばりが私の2歳下で、子どもながらに大スターになっていた。

コレだと思った。

当時、戦争で日本は焼け野原。そのうえ、私は3歳の頃、父親を亡くしていた。以来、京都の田舎町で、母親が私と兄貴の二人を女手一つで育ててくれた。しかも母は二度のがんを患っていた。そのため小学生ながら私も働きに出た。

新聞配達、子守り、アイスキャンデー売り……何でもやった。

だから、そんな貧困から抜け出したかった。

とにかく大金を稼げる仕事に就いて、母親をラクにしてやりたかった。

そんなとき、美空ひばりが現れた。

「自分も流行歌手になって稼ごう!」。触発されて思ったわけだ。

すぐ音楽部に入った。しかし高音が出なくて、夢はすぐ幻となる。

次に見た夢は俳優だった。

これも稼げそうというのが理由だ。しかし、俳優の夢もすぐさま消え去った。鏡を見て、自分がまったく男前じゃないことを悟ったからだ。

歌手もダメ、俳優もダメ。あと、金持ちになる道は……と探すと〝プロ野球選手〟しか思い浮かばなかった。そこで中学3年になってから、私はようやく野球の扉を叩いた。

閉ざされかけたプロ野球選手への道

野球は他と違った。

打席に立つと、初日からどんな球も簡単に打ち返せた。子どもの頃から不格好な竹の棒をバットに使っていたことも功を奏した。本物のバットを使って打つなんてラクなものだった。

だからすぐにレギュラー入り。「エースで四番だな」と思ったが、当時、ピッチャーにはうまいヤツが一人だけいた。

「野村、キャッチャーやれよ。お前は座りがいい」といわれた。

〝生涯一捕手〟は、このときに生まれた。

京都府の大会では決勝まで行った。野球こそが己の進む道だと思ったが、うちは貧乏だった。ある日、母がいってきた。

「かっちゃん、学校の成績は兄ちゃんほどでもないし、中学を出たら就職して私を助けてくれないか」

ショックだった。つかみかけた野球の道が消えるのか……。

ただ、人生はおもしろいものだ。夢が夢として消えかけたとき、必ず誰かが支えてくれるのだった。

私が夢を実現できた最大の理由

最初は兄だった。

3つ上の兄は私と違って成績優秀。オール5の秀才だった。その兄が母親にいってくれた。

「私は大学に行かずに就職する。克也を高校に行かせてやってくれ」

嬉しかった。兄のおかげで母は折れ、私を高校に行かせてくれた。プロ野球選手への道は閉ざされずにすんだわけだ。

進学した峰山高校で支えてくれたのは、前述した清水義一先生だ。

当時の野球部は部員が少ないうえに不良も多く、「廃部」への流れが校内にあったのだが、私の策略もあり、清水先生は野球部存続に力を貸してくれた。

だからといって、我が野球部がいい成績を残せたわけではない。甲子園に出られるようなチームではなく、スカウトなんて来るはずがない。

そんなとき、当時も続けていた新聞配達で偶然見かけたのが「南海ホークス新人募集」の広告だった。このときの大阪までの交通費も「お前ならいけるかもしれん。汽車賃？心配すんな！」と清水先生が出してくれた。

テストには何とか合格。晴れてプロ野球選手になれたというわけだ。

その後も私を一軍キャンプに推薦してくれたキャッチャー出身の松本勇二軍監督。

スランプだった私に、相手ピッチャーの球種やコースをデータにして渡してくれたスコアラーの尾張久次さん。

何かと私の打ち立てる記録を更新し、気持ちに火をつけた王貞治――。

〝野球選手になって成功する〟夢を現実にできたのは、他でもない、周囲の人に恵まれたおかげなのだ。

人はひとりでは何もなしうることができない。

しかし、自らを信じて、信念を持って続けていれば、必ず誰かが支えてくれると私は信じている。

夢なんて言葉を使わずとも、前へ前へと進むことだ。必ずその先にいまよりよい未来が、輝かしい明日があるはずだからだ。

※本書は月刊誌『BIG tomorrow』(小社発行)の連載「野村克也の『サラリーマン再生道場』」に加筆・修正し、構成したものです。

青春新書
INTELLIGENCE

こころ涌き立つ「知」の冒険

いまを生きる

"青春新書"は昭和三一年に――若い日に常にあなたの心の友として、その糧となり実になる多様な知恵が、生きる指標として勇気と力になり、すぐに役立つ――をモットーに創刊された。

そして昭和三八年、新しい時代の気運の中で、新書"プレイブックス"にその役目のバトンを渡した。「人生を自由自在に活動《プレイ》する」のキャッチコピーのもと――すべてのうっ積を吹きとばし、自由闊達な活動力を培養し、勇気と自信を生み出す最も楽しいシリーズ――となった。

いまや、私たちはバブル経済崩壊後の混沌とした価値観のただ中にいる。その価値観は常に未曾有の変貌を見せ、社会は少子高齢化し、地球規模の環境問題等は解決の兆しを見せない。私たちはあらゆる不安と懐疑に対峙している。

本シリーズ"青春新書インテリジェンス"はまさに、この時代の欲求によってプレイブックスから分化・刊行された。それは即ち、「心の中に自らの青春の輝きを失わない旺盛な知力、活力への欲求」に他ならない。応えるべきキャッチコピーは「こころ涌き立つ"知"の冒険」である。

予測のつかない時代にあって、一人ひとりの足元を照らし出すシリーズでありたいと願う。青春出版社は本年創業五〇周年を迎えた。これはひとえに長年に亘る多くの読者の熱いご支持の賜物である。社員一同深く感謝し、より一層世の中に希望と勇気の明るい光を放つ書籍を出版すべく、鋭意志すものである。

平成一七年

刊行者　小澤源太郎

著者紹介

野村克也〈のむら かつや〉

1935年京都府生まれ。京都府立峰山高校卒業後、54年にテスト生として南海ホークスに入団。球界を代表する捕手として、戦後初の三冠王、歴代2位の通算657本塁打など数々の大記録を打ち立てる。70年より選手兼監督。その後、ロッテ、西武と移り80年に現役引退。90年にはヤクルトの監督に就任、9年連続Bクラスだったチームを、4度のリーグ優勝、3度の日本一に導く。その後、阪神、楽天等で監督を歴任。現在は野球評論家として活躍中。おもな著書に『私が選んだ　プロ野球10大「名プレー」』『「本当の才能」の引き出し方』(いずれも小社刊)、『野村のイチロー論』(幻冬舎)、『野村克也野球論集成』(徳間書店)ほか多数。

究極《きゅうきょく》の野村《のむら》メソッド
番狂《ばんくる》わせの起《お》こし方《かた》

青春新書
INTELLIGENCE

2018年3月15日　第1刷

著　者　野《の》村《むら》克《かつ》也《や》

発行者　小澤源太郎

責任編集　株式会社プライム涌光
電話　編集部　03(3203)2850

発行所　東京都新宿区若松町12番1号 〒162-0056　株式会社青春出版社
電話　営業部　03(3207)1916　振替番号　00190-7-98602

印刷・中央精版印刷　製本・ナショナル製本

ISBN978-4-413-04535-3

こころ涌き立つ「知」の冒険！

青春新書 INTELLIGENCE

人は死んだらどこに行くのか 世界の宗教の死生観	島田裕巳	PI・506
ブラック化する学校 少子化なのに、なぜ先生は忙しくなったのか？	前屋 毅	PI・507
僕ならこう読む 「今」と「自分」がわかる12冊の本	佐藤 優	PI・508
江戸の長者番付 殿様から商人、歌舞伎役者に庶民まで	菅野俊輔	PI・509
「減塩」が病気をつくる！	石原結實	PI・510
隠れ増税 なぜあなたの手取りは増えないのか	山田 順	PI・511
大人の教養力 この一冊で芸術通になる	樋口裕一	PI・512
スマートフォン その使い方では年5万円損してます	武井一巳	PI・513
「血糖値スパイク」が心の不調を引き起こす	溝口 徹	PI・514
こんなとき英語でどう切り抜ける？	柴田真一	PI・515
その「もの忘れ」はスマホ認知症だった	奥村 歩	PI・516
「糖質制限」その食べ方ではヤセません	大柳珠美	PI・517
浄土真宗ではなぜ「清めの塩」を出さないのか	向谷匡史	PI・518
皮膚は「心」を持っていた！ 「第二の脳」ともいわれる皮膚がストレスを消す	山口 創	PI・519
その「英語」が子どもをダメにする 間違いだらけの早期教育	榎本博明	PI・520
頭痛は「首」から治しなさい 慢性頭痛の9割は首こりが原因	青山尚樹	PI・521
「系図」を知ると日本史の謎が解ける	八幡和郎	PI・523
英語にできない日本の美しい言葉	吉田裕子	PI・524
AI時代を生き残る仕事の新ルール	水野 操	PI・525
速効！漢方力 抗がん剤の辛さが消える	井齋偉矢	PI・526
公立中高一貫校に合格させる塾は何を教えているのか	おおたとしまさ	PI・527
ニュースの深層が見えてくるサバイバル世界史	茂木 誠	PI・528
40代でシフトする働き方の極意	佐藤 優	PI・529
日本語のへそ	金田一秀穂	PI・522

お願い ページわりの関係からここでは一部の既刊本しか掲載してありません。折り込みの出版案内もご参考にご覧ください。